AF509052

PENSÉES

PHILOSOPHIQUES

ET

PENSÉES

CHRETIENNES,

MISES EN PARALELLE

OU

EN OPPOSITION.

PENSÉES

PHILOSOPHIQUES.

Piscis hic non est omnium.

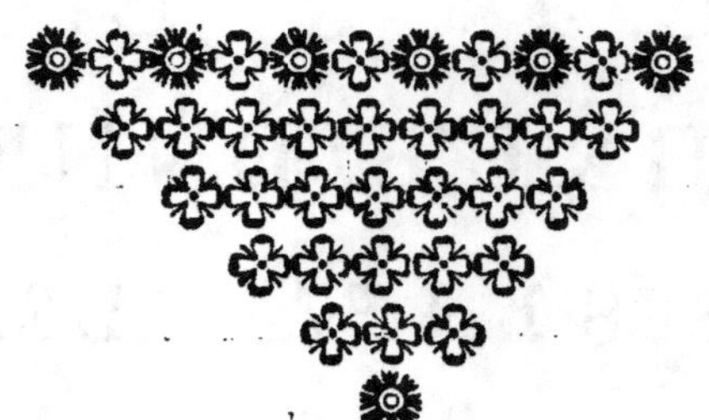

A LA HAYE,

AUX DEPENS DE LA COMPAGNIE.

M. DCC. XLVI.

PENSÉES

CHRETIENNES

MISES EN PARALLELE,

OU

EN OPPOSITION

Avec les Pensées Philosophiques.

ON Y A JOINT

Quelques REFLEXIONS d'un autre
Auteur sur ces derniéres.

De his quæ dico judicate vosmet ipsi 1. Cor. X.

Bᴵᴵᴵ nᵒ. 165. bis

A ROUEN,

AUX DEPENS DE LA COMPAGNIE.

M. DCC. XLVII.

AVIS

AU

LECTEUR.

L'Ouvrage qui a donné lieu à celui-ci, parut à Paris, au commencement de cette année 1746. sous le titre specieux de Pense'es Philosophiques, avec cette fausse annonce du lieu de l'impression & des Libraires : A la Haye *aux dépens de la Compagnie* 1746. On l'attribue généralement à un Auteur déja connu par quelques petits Ouvrages de Médecine de sa façon, par la Traduction de quelques autres du celèbre *Boerhave* & de sa Vie, mais plus encore par

A 3

des

des Difcours très-relâchés fur la Religion & des mœurs affortiffantes qui le
firent congédier du Regiment des
Gardes Françoifes après la bataille de
Fontenoi & la mort de Mr. le Comte
de Grammont fon Protecteur. Ces
petites anecdotes peuvent fervir à faire connoître les véritables motifs qui
ont porté cet Auteur à publier des
Penfées qui tendent toutes au Déifme.
Par la même raifon, l'on peut ajou-
ter, qu'il paffe pour être auffi l'Auteur d'un Traité *fur la Matérialité de
l'Ame*, & d'un autre qui a paru l'année dernière, fous le titre de PRINCIPES
DE LA PHILOSOPHIE MORALE, OU
ESSAI DE MR. S… SUR LE MERITE ET
LA VERTU, AVEC DES REFLEXIONS,
imprimé à Paris 8. fous le faux nom
d'*Amfterdam chez Zacharie Chatelain*.
Il eft vrai qu'il n'a à l'égard de ce dernier

nier Ouvrage, presque d'autre méri-te que celui d'avoir rendu en excellent stile François, mais d'une maniére très-inexacte & fort libre, une pièce des CHARACTERISTICKS de *Mylord Shaftsbury*, qui a pour titre: *An Inquiry concerning virtue or merite.* c'est-à-dire, *Recherche concernant la Vertu ou le Mérite.* Il en est à peu près de même des PENSE'ES PHILOSOPHIQUES, qui sont en grande partie tirées des Ouvrages de cet Anglois, sans qu'il lui en fasse jamais honneur *: Et il a raison; vû la liberté avec laquelle il s'écarte de son Original: jusques à donner un tour impie & insupporta-ble

* En parcourant la Table des Matiéres des *Penſées Philoſophiques* lettre S.... *Caractères*, l'on a compris que l'Auteur dans l'Art. XIII. avoit voulu désigner par cette lettre S.... *Mylord Shaftsbury*, pour le mettre avec *Cudworth* au nombre des plus fameux Déistes.

ble à des idées prefque excufables dans l'Anglois. C'eft auffi fans doute ce tour impie & féduifant qui a allarmé le Parlement de Paris & procuré l'Arrêt qui condamne ce Recueil de Pense'es Philosophiques à être brûlé par la main du Bourreau.

Quoi qu'il en foit, le titre impofant de ce dernier Ouvrage, le ftile vif, énergique, & enjoué de l'Auteur, plus que tout cela le goût de Déifme ou plutôt d'irreligion affez généralement répandu, l'ont fait lire avec empreffement & quelque forte d'approbation de plufieurs perfonnes : D'autres en ont fenti tout le venin & ont cru rendre fervice au Public de le découvrir & d'y oppofer des *Penfées* & des *Réflexions* qui puffent fervir de contrepoifon. C'eft ce qui a produit l'Ouvrage dont il eft ici queftion, qui

eft

eſt de deux Auteurs différens, l'un Eccléſiaſtique & l'autre Laïque. Le premier s'étoit propoſé de mettre ſes propres penſées ſur le même ſujet, en parallèle, ou plutôt en oppoſition a-vec les *Penſées Philoſophiques*, en y obſervant ſur chaque Article, s'il ſe pouvoit, la même force de ſtile & la même proportion de longueur : Mais dans le deſſein où il étoit de défendre les vérités capitales du Chriſtianiſme que l'Auteur des *Penſées* paroiſſoit attaquer, & de détruire tout ce qu'il y a de faux & de captieux dans ſes ex-preſſions ou dans ſes raiſonnemens, il s'eſt vu obligé malgré lui d'allonger pluſieurs Articles pour donner plus de clarté ou de force à ſes penſées. Le ſecond s'eſt contenté de faire quelques Réflexions détachées ſur les Articles qui lui ont paru les plus intereſſans.

A 5

PEN-

PENSÉES

PHILOSOPHIQUES.

Quis leget hæc? PERS. Sat. I.

J'écris de DIEU: *Je compte sur peu de Lecteurs, & n'aspire qu'à quelques suffrages. Si ces Pensées ne plaisent à personne, elles pourront n'être que mauvaises : mais je les tiens pour détestables , si elles plaisent à tout le monde.*

I.

ON déclame sans fin contre les Passions; on leur impute toutes les peines de l'Homme, & l'on oublie qu'elles sont aussi la source de tous ses plaisirs. C'est dans sa constitution, un élément dont on ne peut dire ni trop de bien ni trop de mal. Mais

PENSÉES

CHRETIENNES.

Omnia probate, quod bonum eſt retinete.
                    1. Theſſ. V. 21.

Puis-je penſer à DIEU, *puis-je me hazorder
d'en écrire, ſans être ſaiſi pour cet* ETRE
SUPRE'ME *du reſpect le plus profond, que
je voudrois pouvoir inſpirer à tous mes Lecteurs? Si ce que j'ai à en dire, ne produit pas
cet effet, je ne devrai m'en prendre qu'au défaut de leur cœur, ou de mes Réflexions.
Mais quelle ſatisfaction pour eux & pour moi
ſi elles peuvent ſe concilier leurs ſuffrages,
& encore plus ſi elles contribuent à la converſion des Incrédules?*

I.

TOUT ce qu'il y a de bon dans
l'Homme vient du (a) *Père des
lumiéres*, qui, en lui donnant la
vie, l'a enrichi de tout ce qui
pouvoit la rendre délicieuſe pour le préſent
& pour l'avenir.   Mais l'Homme a abuſé,
& abuſe tous les jours, de ces dons.   Les

A 6   Paſ-

(a) Jaq. I. 15.

Mais ce qui me donne de l'humeur, c'est qu'on ne les regarde jamais que du mauvais côté. On croiroit faire injure à la Raison, si l'on difoit un mot en faveur de ses rivales. Cependant il n'y a que les passions, & les grandes passions, qui puissent élever l'Ame aux grandes choses. Sans elles, plus de sublime, soit dans les mœurs, soit dans les Ouvrages: les Beaux - Arts retournent en enfance, & la Vertu devient minutieuse.

I I.

Les Passions sobres font les hommes communs. Si j'attens l'Ennemi, quand il s'agit du salut de ma Patrie, je ne suis qu'un Citoyen ordinaire. Mon amitié n'est que circonspecte, si le péril d'un Ami me laisse les yeux ouverts sur le mien. La vie m'est-elle plus chère que ma Maîtresse? Je ne suis qu'un Amant comme un autre.

III.

Paſſions en particulier. ſi propres à le rendre heureux, *la ſource de tous ſes plaiſirs*,
dans le but de ſon Créateur, deviennent
dans la main de l'Homme les inſtrumens de
ſa miſére. Le don en eſt excellent; ſans elles, la Raiſon ſeroit inutile & ſans action:
Mais l'abus en eſt pernicieux: Il eſt capable
de détruire tout le bien qu'elles procurent.
Diſtinguons le don d'avec l'abus, ce qui eſt
de DIEU, d'avec ce que l'Homme y ajoûte: Et nous nous ferons une juſte idée du
bien & du mal qu'il y a dans les Paſſions.

I I.

La Règle univerſelle, & peut-être la ſeule, de toutes les Paſſions, la ſeule au moins
que la Raiſon & la Religion autoriſent, c'eſt
de les proportionner à la qualité des objets
qui les font naître. Un Etre ſouverainement aimable par ſes perfections & par ſes
bienfaits, doit exciter en moi l'amour le
plus ardent dont je ſois capable. Un plus
grand bien, préſent ou à venir, exige de
moi de plus grands déſirs pour l'obtenir, &
de plus grands empreſſemens pour l'aquerir, qu'un bien de moindre valeur. Si pour
un bien commun, je n'ai qu'un empreſſement commun, je ſuis dans la Règle. Si
ma vertu s'attache à des *minuties*, ſoit dans

                le

I I I.

Les Paſſions amorties dégradent les hommes extraordinaires. La contrainte anéantit la grandeur & l'énergie de la Nature. Voyez cet Arbre : c'eſt au luxe de ſes branches que vous devez la fraîcheur & l'étendue de ſes ombres : Vous en jouïrez juſqu'à ce que l'hiver vienne le dépouiller de ſa chevelure. Plus d'excellence en Poëſie, en Peinture, en Muſique, lorſque la ſuperſtition aura fait ſur le tempérament l'ouvrage de la Vieilleſſe.

I V.

le Civil, foit dans la Religion, pendant qu'elle peut s'exercer fur de plus grandes chofes, je fuis hors de la Règle; c'eft un abus. C'en eft un encore, fi je crains plus de déplaire aux Créatures, qu'au Créateur, fi je préfére une fatisfaction momentanée, fuivie de remords, au fentiment doux & permanent d'une confcience fans reproche. Ce n'eft donc pas la modération ou la violence des Paffions, qui les rend plus ou moins recommandables, mais c'eft l'application que l'on en fait aux Objets auxquels elles fe rapportent. Les circonftances décident de leur mérite appare nt ou réel.

I I I.

Le feu, la modération, ou l'amortiffement des Paffions, dépend encore beaucoup de l'état du Corps, & du plus ou du moins de force des impreffions que les Objets font fur lui ; du plus ou du moins de liberté que l'Homme a d'y réfifter, ou de s'y abandonner. DIEU feul en connoit parfaitement tous les degrés & les refforts, & il en jugera en Maître fouverainement équitable. Mais les Hommes n'en jugent que fur les apparences, & décident fouvent de ce qu'il y a de bon ou de mauvais dans les Paffions des autres, fur des indices très-équivoques. Tel leur paroît avoir perdu ce
qu'il

I V.

Ce feroit donc un bonheur, me dira-t-on, d'avoir les Paffions fortes. Oui, fans doute, fi toutes font à l'uniffon. Etabliffez entre elles une jufte harmonie, & n'en appréhendez point de defordre. Si l'Efpérance eft balancée par la Crainte, le Point-d'honneur par l'amour de la Vie, le penchant au Plaifir par l'intérêt de la fanté; vous ne verrez ni Libertins, ni Téméraires, ni Lâches.

V.

C'eft le comble de la Folie, que de fe propofer la ruïne des Paffions. Le beau projet, que celui d'un Dévot, qui fe tourmente comme un Forcené pour

qu'il avoit de vif ou de grand dans ſes ſentimens ou ſes goûts, qui n'a fait que leur
donner un autre objet. Tel n'a plus de goût
pour là Muſique, ou les Amuſemens de la
vie, parce que la Religion, ou le ſoin de
ſon ſalut l'occupe plus utilement, qui paſ-
ſera dans l'eſprit de ſes camarades pour un
Cagot ou un Superſtitieux. Abſtenons-nous
de juger ſur de ſimples dehors.

I V.

Ce qui fait la grandeur ou le *bonheur* de
l'Homme, n'eſt pas d'avoir des *paſſions for-*
tes pour quelque Objet que ce ſoit. C'eſt
plutôt de ſavoir les diriger proportionelle-
ment au mérite de l'Objet. Ce n'eſt donc
pas entr'elles, ſi elles ſont fortes, qu'il
faut chercher à établir *une harmonie*, qui pré-
vienne tout *deſordre*: Ce ſeroit plutôt le moyen de les rendre incompatibles. Mais c'eſt
entr'elles & leur Objet; & tout ſera dans la
Règle.

V.

Le premier point de la Sageſſe, c'eſt d'apprendre à régler ſes Paſſions; *le comble*,
c'eſt d'en venir à bout. C'eſt peut-être une
mauvaiſe méthode, ou plutôt un projet chi-
mérique, pour ſe rendre plus facilement le
maî-

pour ne rien défirer, ne rien aimer, ne rien fentir, & qui finiroit par devenir un vrai Monftre, s'il réuffiffoit !

V I.

Ce qui fait l'objet de mon eftime dans un homme, pourroit-il être l'objet de mes mépris dans un autre? Non, fans doute. Le Vrai, indépendant de mes caprices, doit être la Règle de mes jugemens; & je ne ferai point un crime à celui-ci, de ce que j'admirerai dans celui-là comme une vertu. Croi-rai-

maître de ſes Paſſions, que de vouloir commencer par les détruire. Ce ſeroit vouloir ôter la vie à un Malade, pour la lui rendre dans les formes. Le plus ſûr eſt de leur ôter ce qui les entretient dans le deſordre, d'en modérer les moûvemens, & d'en prévenir les accès. Le Chrétien vrai *Dévot* ne doit ſe propoſer que cela. S'il va plus loin, ce n'eſt plus qu'une fauſſe *Dévotion*.

On peut dire de l'homme qui voudroit être ſans paſſion, qu'il eſt comme un Philoſophe qui voudroit douter de tout. C'eſt le comble de l'Extravagance, ou de l'Orgueil. *Le beau projet*, que celui d'un Sceptique, qui, pour examiner la Vérité, commenceroit par ne rien croire, & ſe priveroit par-là de tout ſecours pour parvenir au but qu'il ſe propoſe, ou *qui finiroit par devenir un vrai Athée, s'il réuſſiſſoit!*

V I.

Pour prévenir le *deſordre* que cauſent ſouvent les Paſſions, la prudence conſeille de s'éloigner des lieux, & des perſonnes, qui en peuvent faire naître de turbulentes. C'eſt à ce motif que nous devons les premiers Anachorètes: La réputation de Sainteté, le Dépit, le *Caprice*, l'Humeur, s'y ſont joints pour en augmenter la race. Si les motifs qui autoriſent quelquefois cette pratique

peu-

rai-je qu'il étoit réfervé à quelques-uns, de pratiquer des actes de perfection que la Nature & la Religion doivent ordonner indifféremment à tous? Encore moins. Car d'où leur viendroit ce privilège exclufif? Si *Pacôme* a bien fait de rompre avec le Genre-Humain pour s'enterrer dans une folitude; il ne m'eft pas défendu de l'imiter. En l'imitant, je ferai tout auffi vertueux que lui, & je ne devine pas pourquoi cent autres n'auroient pas le même droit que moi. Cependant il feroit beau voir une Province entiére, effrayée des dangers de la Société, fe difperfer dans les forêts; fes Habitans vivre en Bêtes farouches pour fe fanctifier; mille colomnes élevées fur les ruïnes de toutes affections fociales; un nouveau Peuple de Stylites fe depouiller par Religion des fentimens de la Nature, ceffer d'être Hommes & faire les Statues pour être vrais Chrétiens!

V I I.

Quelles voix! Quels cris! Quels gémiffemens! Qui a renfermé dans ces
ca-

peuvent la rendre digne *d'eſtime*, les piè-
ges, les écueils, les travers, auxquels elle
eſt expoſée, la rendent ſi dangereuſe, &
ceux qui la ſuivent quelquefois ſi *mépriſa-
bles*, qu'il n'y a qu'un état de vie tout-à-
fait libre, un beſoin preſſant, un cas rare,
qui puiſſent la juſtifier. Mais ni la Raiſon,
ni le vrai Chriſtianiſme, ne l'impoſérent ja-
mais, comme un Devoir, à leurs Sectateurs; bien loin que ce ſoit un état de *perfection*. J'en dis autant de toute pénitence
& macération qui ſe borne à mortifier le
Corps: Ce ſont d'inutiles tourmens, (*a*)
s'ils ne guériſſent pas les maux de l'Eſprit.

(*a*) Voyez 1. Tim. IV. 8.

VII.

D'où partent ces *cris*, ces *gémiſſemens*,
ces *regrets*, ces *frayeurs*? Eſt-ce des Habitans

cachots tous ces cadavres plaintifs? Quels crimes ont commis tous ces Malheureux? Les uns se frappent la poitrine avec des cailloux: D'autres se déchirent le Corps avec des ongles de fer: Tous ont les regrets, la douleur, & la mort dans les yeux. Qui les condamne à ces tourmens? .... *Le* Dieu *qu'ils ont offensé.* . . Quel est donc ce Dieu? .... *Un* Dieu *plein de bonté.* ... Un Dieu plein de bonté trouveroit-il du plaisir à se baigner dans les larmes? Les frayeurs ne feroient-elles pas injure à sa clémence? Si des Criminels avoient à calmer les fureurs d'un Tyran, que feroient-ils de plus?

VIII.

tans du Purgatoire & de l'Enfer ? Eſt-ce des Pénitens à qui l'on ait impoſé ces peines pour expier leurs crimes ? Les *cadavres plaintifs renfermés dans des cachots*, les *tourmens* auxquels ils *ſont condamnés*, le ton affirmatif avec lequel on ſuppoſe que cette condamnation vient *du* DIEU *qu'ils ont offenſé*, ſemblent inſinuer qu'il s'agit des premiers. Mais les traits exceſſifs dont l'Auteur charge ſes portraits, joints à la liaiſon de cet Article avec le précédent, me perſuadent preſque qu'il a voulu parler des derniers. Quelle qu'aît été la penſée du Philoſophe Déiſte, il ſera toujours vrai qu'il raiſonne ſur de faux principes. Qu'il ait eu en vûe les diſciplines auſtères que la Dévotjon impoſe; ce ne ſont que (*a*) *des commandemens d'Hommes*, que *le* DIEU *plein de bonté* n'approuva peut-être jamais. Que ce ſoient *les douleurs. les fraieurs, & les regrets*, du vrai Pénitent ; ce ſont des ſuites naturelles de la réflexion qu'il fait ſur l'atrocité de ſa conduite paſſée, néceſſaires à ſa converſion. Que ce ſoient les tourmens du Purgatoire ; l'Auteur les traite ſans doute de réveries. Que ce ſoit enfin le deſeſpoir des Damnés ; ils ne doivent l'excès de leurs maux qu'à l'endurciſſement de leur cœur. Ce n'eſt point l'ou-

vrage

(*a*) Matth. XV. 9.

V I I I.

Il y a des gens dont il ne faut pas dire qu'ils craignent D I E U, mais bien qu'ils en ont peur.

I X.

Sur le portrait qu'on me fait de l'Etre Suprême, ſur ſon penchant à la colère, ſur la rigueur de ſes vengeances, ſur certaines comparaiſons qui nous expriment en nombres le rapport de ceux qu'il laiſſe périr, à ceux à qui il daigne tendre la main ; l'Ame la plus droite ſeroit tentée de ſouhaiter qu'il n'exiſtât pas. L'on ſeroit aſſez tranquille en ce Monde, ſi l'on étoit bien aſſuré que l'on n'a rien à craindre dans l'autre: La penſée qu'il n'y a point de D I E U, n'a jamais effrayé perſonne ; mais bien celle qu'il y en a un, tel que celui qu'on me peint.

X.

vrage de DIEU : C'en est tout-au plus le juste abandon.

VIII.

Il en est aussi qui ont si peur de cette peur, que pour s'en garantir ils font justement tout ce qui devroit la leur faire prendre s'ils étoient sages.

IX.

Si, sans m'arrêter aux *portraits* défigurés qu'on me fait de l'ETRE SUPREME, je m'assûre qu'il existe ; si je m'applique à le connoître ; si reconnoissant en lui une Bonté & une Puissance infinie, je m'étudie à lui plaire ; je dois m'attendre à en éprouver les effets, par toutes les douceurs dont ma nature & mon état font susceptibles ; la seule idée d'un tel Etre, & un culte assortissant, seront pour moi une source de plaisirs ineffables, & dans le présent & dans l'avenir. Mais si, sur des *portraits* affreux de la Divinité, chargés à plaisir des traits les plus odieux, je viens a en nier l'existence, ou que je ne daigne pas chercher à connoître l'original, pour savoir si ces portraits lui ressemblent, je me prive volontairement de tout ce qu'une persuasion contraire peut avoir de satisfaisant, & je ne dois pas tant m'en prendre à l'ignorance ou à la malice du *Peintre* qui défigure

B

ainsi

X.

Il ne faut imaginer Dieu ni trop
bon

ainfi l'Etre Supreme, qu'au penchant de mon cœur , qui fe plaît dans les confé-quences qu'il tire de ces *portraits* pour vivre dans l'indépendance.

C'eft encore par de tels principes que l'on peut pleinement juftifier ce qu'il pa-roît y avoir de dur dans les expreffions des Auteurs Sacrés, fur la difficulté du Salut, fur les peines dont DIEU menace les Im-pénitens , fur le nombre immenfe de ceux qui en font menacés ; Expreffions , dont on abufe de part & d'autre ; les uns , en prenant de-là une idée de DIEU toute oppofée à fa Nature bienfaifante , les autres , en revoquant en doute la vérité d'une Religion qui jette la frayeur dans leurs cœurs; mais qui, réduites à un fens digne des Perfeétions de l'Etre Suprême, & comparées avec celles qui nous le re-préfentent, en mille autres endroits, com-me un DIEU *lent à punir & abondant en gra-tuités*, ne peuvent être regardées que com-me des motifs preffans à fe convertir , pendant qu'on le peut, pour avoir part au bonheur que DIEU nous offre dans fon in-finie Miféricorde , & pour n'être pas ex-pofés aux triftes fuites d'une Impénitence finale.

X.

La Vie éternelle, dit le Sauveur du Mon-

de

bon, ni méchant. La Justice est entre l'excès de la Clémence & de la Cruauté. Ainsi que les Peines finies sont entre l'Impunité & les Peines éternelles.

X I.

Je sais que les idées sombres de la Superstition sont plus généralement approuvées que suivies ; qu'il est des Dévots qui n'estiment pas qu'il faille se haïr cruellement pour bien aimer Dieu, & vivre en desespérés pour être religieux ; leur dévotion est enjouée ;

de (a), *consiste dans la connoissance du seul vrai* Dieu *& de celui qu'il a envoyé.* Par la règle des contraires, celui qui *ne connoit*, ou ne veut connoître, *ni le seul vrai* Dieu, ni *celui qu'il a envoyé*, doit être privé de la Vie éternelle, & ne peut s'attendre qu'à un sort tout-opposé. Le premier est un effet de la Bonté de Dieu envers ceux qui cherchent à lui plaire; & ce seroit un excès de clémence contraire-à sa Sainteté, s'il y admettoit tous les Pécheurs indifféremment Le second est l'effet d'une Justice impartiale, qui, sans être *cruelle*, doit mettre de la différence entre le Bon & le Méchant, & priver en tout tems celui-ci des faveurs qu'il accorde à celui-là. L'impunité en ce cas deviendroit injustice , & la Peine doit durer autant que la Malice.

(*a*) Jean XVII. 3.

X I.

Une des plus fortes Objections qu'on fasse contre la Religion Chrétienne, c'est le peu d'uniformité qui se remarque dans la Foi, dans le Culte, & dans la conduite de ses Sectateurs, non-seulement comparés les uns avec les autres, mais encore comparés avec eux-mêmes dans les différens états de la vie, & plus encore avec

jouée; leur sageſſe eſt fort humaine. Mais d'où naît cette différence de ſentimens, entre des gens qui ſe proſternent aux pieds des mêmes Autels? La Pieté ſuivroit-elle auſſi la loi de ce maudit tempérament? Hélas! comment en diſconvenir? ſon influence ne ſe remarque que trop ſenſiblement dans le même Dévot. Il voit, ſelon qu'il eſt affecté, un Dieu vangeur, ou miſéricordieux; les Enfers ou les Cieux ouverts: Il tremble de frayeur, ou il brûle d'amour. C'eſt une fièvre qui a ſes accès froids & chauds.

XII. Oui,

la Doctrine dont ils font profeſſion. De-là les noms odieux qu'on leur donne, de *Dévots*, de *Superſtitieux*, de gens qui ne font que ſuivre les accès de leur humeur. Une Religion, que l'on dit ſi pure, ſi excellente, ſi divine, appuyée de tant de Miracles, accompagnée de ſi belles promeſſes, comment manqueroit-elle d'efficace pour entrainer tous ceux qui la croient telle, à en ſuivre les Maximes? Se font-ils illuſion, ou font-ils inconſéquens? Eſt-ce le tempérament & l'humeur, ou une connoiſſance claire & diſtincte, qui décide de leur Religion? Avouons-le, il n'y en a que trop, à qui le portrait que l'on fait ici de la pieté des Mondains, des Superſtitieux, & des Dévots, d'entre les Chrétiens, ne reſſemble pas mal. Mais y auroit-il de l'équité, de rejetter pour cela la Religion dont ils font profeſſion? Pour en mieux juger, conſultons-la dans ſa ſource, & nous y verrons un accord merveilleux entre ſes Dogmes & ſes Préceptes. S'il n'en eſt pas de même de ſes Sectateurs, c'eſt parce qu'ils ne la connoiſſent pas, ou que s'ils la connoiſſent, ils n'en ſuivent pas les Maximes. C'eſt à eux, & non à la Religion, qu'il faut s'en prendre.

 XII. L'A-

XII.

Oui, je le soûtiens; la Superstition
est plus injurieuse à DIEU que. l'A-
théisme.   „ J'aimerois mieux , dit
„ *Plutarque*, qu'on pensât qu'il n'y
„ eut jamais de Plutarque au monde,
„ que de croire que Plutarque est in-
„ juste, colère, inconstant, jaloux,
„ vindicatif, & tel qu'il seroit bien
„ fâché d'être ".

XIII.

Le Déiste seul peut faire tête à l'A-
thée.   Le Superstitieux n'est pas de

X I I.

L'Athéifme & la Superftition font les deux extrêmes oppofés de la véritable Religion. L'un la fappe par fes fondemens; l'autre en défigure toutes les parties. Il eft peu important de favoir lequel des deux lui eft le plus nuifible, ou le plus injurieux à la Divinité, qui en eft l'objet. Ils la détruifent également. Deux perfonnes difputoient un jour fur cette queftion; J'aimerois autant, dit un troifième, que vous difputafliez fur ce qui eft le plus mortel, d'un coup d'épée, ou d'un coup de poignard. Je croirois pourtant que le Superftitieux pourra être ramené plus facilement à de juftes notions de la Divinité par le moyen de celles qu'il a déjà fur fon exiftence, que l'Athée, qui par principes croit devoir la nier. Mais ce qu'il y a de plus important ici, c'eft de bien définir l'un & l'autre, pour n'en donner le titre odieux qu'aux perfonnes qui en ont tous les caractères: Sans quoi, l'on tombe dans un autre défaut, également pernicieux à la Religion: C'eft le manque de charité

X I I I.

Le feul qui puifle concilier ces deux extrêmes, c'eft le véritable réligieux, qui

 con-

fa force. Son DIEU n'eſt qu'un E-
tre d'imagination. Outre les difficultés de la matiére, il eſt expoſé à toutes celles qui réſultent de la fauſſeté
de ſes notions. Un C . . . . *, un
S . . . . †, auroient été mille fois
plus embarraſſans pour un VANINI,
que tous les *Nicoles* & les *Paſcals* ‡ du
Monde.

* Il paroit par la Table des matiéres que
l'Auteur a voulu déſigner ici CUTWORTH
Auteur Anglois, fameux par un Ouvrage
contre les Athées *in folio* intitulé THE
TRUE INTELLECTUAL SYSTEME OF
THE UNIVERSE. *London* 1678. c'eſt-à-di-
re, *le veritable Syſtéme Intellectuel de l'Univers.*
† Il paroit par la même Table que l'Au-
teur a voulu deſigner ici: MYLORD SHATS-
BURI dans ſes *Caracteriſtics.* Voyez l'Avis
au Lecteur.
‡ Janſéniſtes célèbres.

XIV.

Paſcal avoit de la droiture; Mais il
étoit peureux & crédule. Elégant Ecri-
vain, & Raiſonneur profond, il eût
ſans doute éclairé l'Univers, ſi la Providence ne l'eût abandonné à des gens
qui

contemple avec attention les ouvrages du Créateur de toutes choses, & qui reçoit avec soûmiſſion ſes révélations bien certifiées. Lui ſeul peut combattre l'*Athée* avec ſuccès, & l'amener à la connoiſſance de la Vérité, par les lumiéres de la Raiſon, dont ils jouïſſent en commun, & par les ouvrages de la Nature, qu'ils voient du même œil. Lui ſeul peut diſſiper les ténèbres du *Superſtitieux*, en lui préſentant le flambeau de la Révélation dans toute ſa pureté. Si c'eſt un honneur pour l'*Athéiſme* de ne point céder le pas à la *Superſtition*; s'il eſt glorieux au *Déiſme* de pouvoir ſe vanter de ſes avantages ſur celle-ci contre l'autre; il eſt donné au *Chrétien* ſeul, bien éclairé, d'avoir en main de quoi détruire & les difficultés de l'*Athée* & les ſubtilités du *Déiſte*, & les fauſſes notions du *Superſtitieux*, & les ſcrupules du *Dévot*, & les Maximes relâchées du *Mondain*.

X I V.

Encore une fois, ce n'eſt point ſur les défauts des Sectateurs du Chriſtianiſme, ou de ceux qui en ont pris la défenſe, que l'on doit juger de cette Doctrine. *Abbadie*, *Paſcal*, *Le Clerc*, &c. ont eu leurs travers, ou leurs foibleſſes, qu'on

auroit

qui facrifiérent fes talens à leurs hai-
nes. Qu'il feroit à fouhaiter qu'il eût
laiffé aux Théologiens de fon tems le
foin de vuider leurs querelles; qu'il fe
fût livré à la recherche de la Vérité,
fans réferve & fans crainte d'offenfer
DIEU, en fe fervant de tout l'efprit
qu'il en avoit reçu, & fur-tout qu'il
eût refufé pour Maîtres des hommes
qui n'étoient pas dignes d'être fes Difciples! On pourroit bien lui appliquer
ce que l'ingénieux *La Motte* difoit
de *La Fontaine*, qu'il fut affez bête
pour croire qu'*Arnaud*, *De Sacy* &
Nicole, valoient mieux que lui.

X V.

,, Je vous dis qu'il n'y a point de
,, DIEU; que la Création eft une
,, chimère; que l'éternité du Monde
,, n'eft pas plus incommode que l'é-
,, ternité d'un Efprit; que, parce que
,, je ne conçois pas comment le mou-
,, vement a pu engendrer cet Uui-
,, vers qu'il a fi bien la vertu de con-
,, ferver, il eft ridicule de lever cette

diffi-

auroit tort d'imputer à la Secte qu'ils ont suivie, & qui n'ôtent rien à ce qu'il y a de bon dans leurs Ouvrages. S'ils n'ont pas toûjours fait un bon ufage de leurs talens, la Vérité qu'ils ont cherchée & propofée eft toûjours eftimable, quand même ils l'auroient manquée à quelques égards. L'on peut profiter de leurs lumiéres, fans participer à leurs défauts; Ou plutôt l'on doit faire attention aux unes & aux autres, pour faire plus de progrès dans la connoif-fance de la Vérité, & dans la pratique de fes Devoirs.

X V.

Quelque extravagante que foit une opi-nion, ce ne fera jamais en chargeant d'in-jures celui qui la propofe, qu'on l'en fera revenir. Elles ne feront que l'affermir dans fon erreur. Les peines même pour-ront bien lui fermer la bouche, ou lui fai-re tenir un autre langage. Mais elles ne porteront jamais la conviction dans l'ef-prit, ni l'attention tranquille, necéffaire pour goûter & recevoir la Vérité. Je n'en excepte pas même l'*Athée*, à moins que

„ difficulté par l'exiſtence ſuppoſée
„ d'un Etre que je ne conçois pas da-
„ vantage; que, ſi les merveilles qui
„ brillent dans l'ordre phyſique décé-
„ lent quelque Intelligence, les des-
„ ordres qui régnent dans l'ordre
„ moral, anéantiſſent toute Provi-
„ dence.   Je vous dis que, ſi tout
„ eſt l'ouvrage d'un D I E U, tout
„ doit être le mieux qu'il eſt poſſible:
„ Car ſi tout n'eſt pas le mieux qu'il
„ eſt poſſible, c'eſt en D I E U im-
„ puiſſance ou mauvaiſe volonté. C'eſt
„ donc pour le mieux que je ne ſuis
„ pas plus éclairé ſur ſon exiſtence.
„ Cela poſé, qu'ai-je à faire de vos
„ lumiéres? Quand il ſeroit auſſi dé-
„ montré qu'il l'eſt peu, que tout
„ mal eſt la ſource d'un bien; qu'il
„ étoit bon qu'un *Britannicus*, que
„ le meilleur des Princes périt; qu'un
„ *Néron*, que le plus méchant des
„ Hommes régnât; comment prou-
„ veroit-on qu'il étoit impoſſible
„ d'atteindre au même but, ſans
„ uſer des mêmes moyens? Permet-
„ tre

par ſes diſcours impies il ne cauſe des des-
ordres dans la Societé, qui méritent des
peines civiles.   Mais la Raiſon fera d'a-
bord entendre ſa voix, avec aſſûrance de
demeurer victorieuſe, pour peu d'habileté
qu'il y ait d'un côté à en faire valoir les
droits, & de diſpoſitions de l'autre à en
écouter les déciſions.   Ainſi, au lieu de
dire à l'Athée, *Vous êtes un Scélerat*, elle lui
dira; ,, Vous & moi, devons notre ori-
,, gine à un Etre Intelligent & Suprê-
,, me, qui eſt DIEU.   *En lui* (& ce ne
,, peut être qu'en lui) que (*a*) *nous avons la*
,, *vie, le mouvement & l'être.*   Tous les
,, autres Etres annoncent auſſi qu'ils ne
,, ſont que les ouvrages de (*b*) *la Puiſſan-*
,, *ce éternelle*, de la Sageſſe infinie, & de
,, *la Divinité* d'un Etre inviſible, Premiére
,, Cauſe de tout; Et-le Bon-ſens me dit
,, qu'il eſt contradictoire, que le cours ré-
,, gulier des Aſtres, & le retour des Sai-
,, ſons, qui comprend tout l'Univers,
,, ſoit éternel, & que cet arrangement
,, puiſſe être attribué à un autre Principe
,, qu'à une Cauſe Intelligente, ou Spiri-
,, tuelle, qui par conſéquent l'a précédé;
,, Qu'il eſt abſurde de donner à un Mon-
,, de brute le pouvoir de ſe conſerver &
,, de

(*a*) Act. XVII. 28.   (*b*) Rom. I. 20.

„ tre des vices, pour relever l'é-
„ clat des vertus, c'est un bien fri-
„ vole avantage pour un inconvé-
„ nient si réel". Voilà, dit l'A-
thée, ce que je vous objecte. Qu'a-
vez - vous à répondre ? *„ Que je*
„ suis un scélérat ; & que si je n'a-
„ vois rien à craindre de DIEU *je*
„ n'en combattrois pas l'existence ".
Laissons cette phrase aux Déclama-
teurs : Elle peut choquer la Vérité ;
l'Urbanité la défend, & elle marque
peu de charité.   Parce qu'un homme
a tort de ne pas croire en DIEU, a-
vons-nous raison de l'injurier? On n'a
recours aux invectives, que quand
on manque de preuves.   Entre deux
Controversistes, il y a cent à parier
contre un, que celui qui aura tort se
fàchera.   „ Tu prends ton tonner-
„ re, au-lieu de répondre, dit *Mé-*
„ nippe à *Jupiter*; Tu as donc tort".

XVI. On

,, de ſe conduire par lui-même; Qu'une
,, Intelligence poſée & reconnue dans
,, l'ordre phyſique, demande la même In-
,, telligence dans l'ordre moral, à cauſe
,, de la dépendance continuelle & indiſſo-
,, luble où ils ſont l'un de l'autre. " La
Raïſon lui dira encore, ,, Que la Cauſe
,, premiére, ſouverainement libre & in-
,, telligente, a pu varier ſes productions
,, en une infinité de maniéres, ſans bleſ-
,, ſer aucune de ſes autres Perfections;
,, Que *le meilleur* métaphyſique, ou *l'Opti-*
,, *miſme*, conſidéré par rapport à Dieu
,, dans ſes ouvrages, eſt un être de rai-
,, ſon; Que la Liberté eſt un attribut des
,, plus eſſentiels des Etres créés intelli-
,, gens, ſans lequel il n'y a ni Vice ni
,, Vertu, ni Peines, ni Récompenſes :
,, Que c'eſt à l'abus que l'Homme a fait
,, de ce don précieux, que l'on doit impu-
,, ter tout ce qu'il y a & qu'il y aura de
,, mal dans le Monde : Qu'ôter de la Créa-
,, tion la cauſe de cet abus & ſes effets,
,, c'eſt détruire la Liberté, & peut-être la
,, nature des Etres créés intelligens : Que
,, les inconvéniens qui naiſſent de-là, ſont
,, compenſés par des avantages inexpri-
,, mables connus, & le ſeront peut - être
,, encore dans l'avenir par une infinité
,, d'autres plus conſidérables, que l'Hom-
,, me

X V I.

On demandoit un jour à quelqu'un, s'il y avoit de vrais Athées. Croyez-vous, répondit-il, qu'il y ait de vrais Chrétiens?

„ me ne fauroit imaginer &c. " Si l'A-
thée eſt de bonne foi & raiſonnable, il ſe
rendra à l'évidence de ces réflexion. Mais
s'il perſiſte opiniâtrément dans des principes beaucoup plus équivoques que ceux-
là, ne mérite-t-il pas que le zèle pour la
Vérité faſſe prendre à celui qui la défend
avec tant de ſupériorité, un ton plus haut
& plus ſévère, pour empêcher les ſuites
d'un tel égarement? Un zèle ſans aigreur,
pourroit-il être mieux placé?

X V I.

Le petit ou le grand nombre de Sectateurs d'une Doctrine, ne fera jamais preuve de ſa fauſſeté ou de ſa vérité, chez les
perſonnes raiſonnables. Une multitude de
Fous n'autoriſa jamais la Folie: Et n'y
eût-il qu'un ſeul Sage au Monde, la Sageſſe n'en mériteroit pas moins d'être eſti-
mée. Qu'il n'y ait jamais eu de vrais A-
thées, ou qu'il y en ait eu pluſieurs de tout
tems, l'Athéïſme ne ſauroit ſe ſoûtenir
contre les lumiéres de la Raiſon. Qu'il
n'y ait plus de Chrétiens que de nom, le
vrai Chriſtianiſme porte avec ſoi des caractères qui le feront toûjours reſpecter dans
ceux qui en recevront les Dogmes, & qui
en ſuivront les Maximes. Mais, à s'en tenir
à la règle des eſprits vulgaires, qui jugent
de

XVII.

Toutes les billevezées de la Métaphysique ne valent pas un argument *ad hominem.* Pour convaincre, il ne faut quelquefois que réveiller le sentiment, ou *physique*, ou *moral.* C'est avec un bâton qu'on a prouvé au Pyrrhonien qu'il avoit tort de nier son éxistence. *Cartouche*, le pistolet à la main, auroit pu faire à HOBBES une pareille leçon. „ La bourse ou la „ vie: Nous sommes seuls: Je suis le „ plus fort, & il n'est pas question „ entre nous d'equité. ”

XVIII.

de la bonté d'un parti par le nombre de ceux qui l'embraffent, pourroit-on, fans s'expofer au démenti, dire que le Chriftianifme n'a pas eu plus de vrais Sectateurs que l'Athéifme? Pour un ou deux Martyrs de l'Athéifme que l'on pourroit nommer; combien de milliers ne comptera-t-on pas de Martyrs du Chriftianifme? Pour quelques Déiftes, qui n'ofent fe déclarer Athées, parce que leur caufe eft deféfpérée; combien de milliers de Chrétiens de nom aux yeux des Hommes, qui font tous les jours de fincères efforts pour l'être réellement devant DIEU?

X V I I.

L'argument *ad hominem*, que notre Philofophe préfére avec raifon aux vaines abftractions de la Métaphyfique pour convaincre les Incrédules, & dont il femble faire deux éfpèces, le *phyfique* & le *moral*, eft fur-tout d'un merveilleux ufage pour fermer la bouche à des Adverfaires opiniâtres, qui, peu zélés pour la Vérité, ne penfent qu'à foûtenir les fentimens dont ils font prévenus, ou qu'à éluder ce qu'on allègue de preuves pour en démontrer l'erreur. JESUS-CHRIST fe fervit fouvent du *moral* avec fuccès contre ceux qui s'oppofoient à fa Doctrine. Ceux de nos jours qui marchent fur leurs traces, non moins

opi-

XVIII.

Ce n'eſt pas de la main du Méta-physicien que ſont partis les grands coups que l'Athéiſme a reçus. Les Méditations ſublimes de *Mallebran-che* & de *Deſcartes* étoient moins propres à ébranler le Matérialiſme, qu'une obſervation de *Malpighi*. Si cette dangereuſe hypothèſe chancel-le de nos jours, c'eſt à la Phyſique Expérimentale que l'honneur en eſt dû. Ce n'eſt que dans les Ouvra-ges

opiniâtres, ni moins dangereux par leur empreſſement à faire des Proſélytes, mais plus indociles aux raiſons qui devroient leur impoſer ſilence, ne mériteroient-ils pas qu'à l'argument *moral* l'on joignît quelquefois le *phyſique*? Ne fût-ce que pour réprimer la démangeaiſon qu'ils ont de répandre leurs ſentimens. Sinon, la Prudence demande au moins que pour en arrêter le cours, l'on ſuive à leur égard le conſeil de St. *Paul*, qu'on les (*a*) *évite*, qu'on les rejette, qu'on (*b*) *ſe ſépare d'eux*, & qu'on *n'aît point de familiarité avec eux.*

(*a*) Tite III. 10.   (*b*) 2 Theſſ. III. 6. 14.

XVIII.

Si les *Athées* vouloient faire uſage de leurs facultés, ils ſentiroient aiſément la connexion & la force du raiſonnement *Cartéſien*. ,, Je penſe, je ſuis un Etre pen-
,, ſant, ou intelligent; Je ſens, à n'en
,, pouvoir pas douter, que je ne ſuis la
,, cauſe ni de mon exiſtence, ni de ma
,, penſée; Je les tiens donc d'une *Cauſe*
,, exiſtante & intelligente. J'en dis de
,, même de tout autre homme pour l'in-
,, telligence, & de tout autre Etre pour
,, l'exiſtence. Cette *Cauſe* eſt *ſeconde* ou
,, *première.* Tant qu'elle n'eſt que *ſecon-*
,, *de*

ges de *Newton*, de *Muſchenbroek*, d'*Hartſoeker*, & de *Nieuwentit*, qu'on a trouvé des preuves ſatisfaiſantes de l'exiſtence d'un Etre ſouverainement intelligent. Graces aux travaux de ces grands - Hommes, le Monde n'eſt plus un Dieu: C'eſt une machine, qui a ſes rouës, ſes cordes, ſes poulies, ſes reſſorts & ſes poids.

XIX.

,, *de*, il faut remonter plus haut, jufqu'à
,, ce qu'on foit parvenu à une *Caufe pre-*
,, *miére, univerfelle, intelligente, indépen-*
,, *dante*, & douée pour le moins d'autant
,, de Perfections qu'il y en a dans les ef-
,, fets qu'elle a produits. Comme *Caufe*
,, *premiére*, on ne fauroit lui affigner de
,, commencement: Comme Caufe *univer-*
,, *felle*, tout découle d'elle; Comme *intel-*
,, *ligente*, elle a fû ce qu'elle faifoit: Com-
,, me *indépendante*, elle n'a point été for-
,, cée, elle a voulu le faire : Comme
,, douée des réalités ou des perfections de
,, fes effets, elle eft plus *réelle* & plus *par-*
,, *faite* qu'eux tous. '' Je n'en veux pas
davantage pour en conclure l'exiftence
d'un Etre qui a eu la puiffance de me produire, moi & tous les autres Etres, tels
qu'ils font. Que ce foit médiatement par
des *Caufes fecondes*, ou immédiatement
fans elles, je ne lui fuis pas moins redeva-
ble de tout ce dont je jouïs; Et dès-là je
dois être porté à lui rendre les hommages
dont je fuis capable, ou qu'il peut recevoir de moi. Si ces raifonnemens, que
fournit la *Métaphyfique* la plus fimple,
n'ont pas difpofé l'*Athée* à reconnoître u-
ne Divinité, toutes les obfervations que
nous fournit la *Phyfique Expérimentale*,
quelque excellentes qu'elles foient, ne fe-

C

ront

XIX.

Les subtilités de l'*Ontologie* ont fait tout-au-plus des *Sceptiques* : C'est à la connoissance de la Nature qu'il étoit réservé de faire de vrais *Déistes*. La
feu-

ront que blanchir, parce qu'elles ne présentent rien de plus merveilleux que ce
qu'il sent, ou que l'Univers entier offre à
ses yeux; & qu'il est beaucoup plus absur-
de d'attribuer l'arrangement de tout le
Composé à une Cause aussi aveugle que *le
Hazard* qu'il ne l'est de lui attribuer la formation ou le développement de quelques-
unes de ses parties. Mais s'il joint les ob-
servations aux raisonnemens, il y trouvera de nouveaux appuis à sa Conclusion;
qui lui servant à son tour de principe, il
en inférera que l'Etre souverainement intelligent, qui a pu concevoir & produire
une Machine aussi admirable qu'est le
Monde, doit aussi veiller à sa conservation, & que ce dernier acte ne demande
pas moins de Puissance, de Sagesse & de
Bonté, que le premier. De-là, à reconnoître les soins continuels de la Providence dans les merveilles de la Nature & de
la Grace, il n'y a plus qu'un pas, aisé à
faire, à qui en sera venu jusques-là.

X I X.

Je fais le même raisonnement sur le
Sceptique & le *Déiste*, que j'ai fait sur l'*A-
thée*. S'ils n'ont pas été amenés, par la
considération de leur propre existence &
de celle des autres Etres, à conclurre, du

C 2

moins

feule découverte des germes a diffipé une des plus puiffantes Objections de l'Athéifme. Que le mouvement foit effentiel ou accidentel à la Matiére, je fuis maintenant convaincu que fes effets fe terminent à des développe-mens. Toutes les obfervations con-courent à me démontrer que la putré-faction feule ne produit rien d'organi-fé. Je puis admettre que le mécha-nifme de l'Infecte le plus vil, n'eft pas moins merveilleux que celui de l'Homme; & je ne crains pas qu'on en infère qu'une agitation de molécu-les étant capable de donner l'un, il eft vraifemblable qu'elle a donné l'au-tre. Si un Athée avoit avancé, il y a denx cens ans, qu'on verroit peut-être un jour des Hommes fortir tout formés des entrailles de la Terre, comme on voit éclorre une foule d'Infectes, d'une maffe de chair é-chaufée; je voudrois bien favoir ce qu'un Métaphyfiecien auroit eu à lui répondre.

XX. C'é-

moins à fuppofer l'exiftence d'une *Premiére Caufe intelligente*, qui a tout formé par elle-même, ou par fes Agens; une connoiffance plus détaillée de la Nature que celle qui fe préfente chaque jour à leurs yeux, ne leur préfentera qu'un nouvel arrangement poffible, caufé par le mouvement fortuit des Atomes. L'uniformité de cet arrangement dans les Etres de même genre, variée cependant à l'infini dans chaque efpèce & dans chaque individu, qui fait toute la beauté de la Création, leur fournira peut-être de nouvelles objeâions contre la Liberté, & la Sageffe de l'Agent. Je ne fais même fi la découverte des *germes*, fi propre à diffiper une des fortes objeâions de l'Athée, ne leur ferviroit pas à établir qu'il n'y a rien de plus en l'Homme que dans le plus vil Infeâe, & que le développement univerfel qui fe fait de ces germes eft une fuite nécéffaire d'un premier arrangement fortuit, ou du premier état dans lequel chaque chofe a été formée, fans que la Caufe, ou l'Agent, quel qu'il foit, y intervienne plus. Mais fi les *Sceptiques* & les Déiftes, aidés des lumiéres qu'ils peuvent avoir acquifes par la confidération & l'ufage du *principe penfant* qui fe trouve en eux, & de la Liberté dont il eft doué, veulent bien y ajoûter

C 3

la

X X.

C'étoit en vain que j'avois eſſayé contre un *Athée* les ſubtilités de l'Ecole: Il avoit même tiré de la foibleſſe de ces raiſonnemens une Objection aſſez forte. „ Une multitude de véri-
„ tés inutiles me ſont démontrées
„ ſans replique (*diſoit-il*); & l'Exiſ-
„ tence de DIEU, la réalité du Bien
„ & du Mal moral, l'Immortalité de
„ l'Ame, ſont encore des problêmes
„ pour moi. Quoi donc? Me ſe-
„ roit-

la connoiſſance de la Nature, non ſeulement ils en conclurront, ſans avoir plus aucun doute, qu'un DIEU Sage, Puiſſant & Bon, en eſt l'auteur, le conſervateur & le directeur, mais de plus ils en déduiront cette conſéquence toute naturelle; C'eſt qu'un Etre Intelligent, tel que celuilà, qui a pourvû avec tant d'éclat à la magnificence du Monde Corporel, n'aura pas manqué de pourvoir auſſi à celle du Monde Spirituel, à la félicité des Eſprits, plus dignes, ce ſemble, de ſes ſoins par la réſſemblance qu'ils ont avec leur Créateur. De vrais *Déiſtes* dans le meilleur ſens, devroient au moins aller juſques-là.

X X.

Après tout, ni l'*Ontologie*, ni la bonne *Logique*, ni les Argumens *ad hominem*, ni les Conſéquences abſurdes, ni la *Phyſique Experimentale*, ni la connoiſſance de la Nature, ne doivent pas encore ſe féliciter d'avoir convaincu les *Athées*, & les Incrédules de nos jours. Ce ſont de véritables anguilles, qui échappent lorſqu'on croit les tenir & qu'on veut les ſerrer; de véritables *Protées*, qui attaquent la Religion ſous diverſes formes, qu'ils quittent à chaque inſtant, de peur d'être reconnus & de donner priſe à leurs Adverſaires. Sont-ils

C 4

com-

„ roit - il moins important d'être é-
„ clairé sur ces sujets, que d'être
„ convaincu que les trois angles d'un
„ triangle sont égaux à deux droits ?
Tandis-qu'en habile Déclamateur, il
me faisoit avaler à longs traits toute
l'amertume de cette réflexion, je
r'engageai le combat par une question qui dut paroître singuliére à un
homme enflé de ses premiers suc-
cès..... Etes-vous un Etre pensant ?
(*lui demandai-je.*) .... „ En pourriez-
„ vous douter ? (*me répondit il, d'un*
„ *air satisfait.*) " Pourquoi non ?
Qu'ai-je apperçû qui m'en convain-
que ? .... Des sons & des mouvemens ? .... Mais le Philosophe en
voit autant dans l'Animal qu'il dé-
pouille de la faculté de penser. Pourquoi vous accorderois-je ce que *Descartes* refuse à la Fourmi ? Vous pro-
duisez à l'extérieur des actes assez
propres à m'en imposer : Je serois
tenté d'assûrer que vous pensez en effet; mais la Raison suspend mon jugement. „ Entre les actes extérieurs
„ &

comme forcés de convenir de quelque principe? Bien-tôt ils s'en dédifent, s'ils voient que l'on en puiſſe tirer contre eux des conféquences qu'ils ſont réſolus de re- jetter. Souvent ils emploient le raiſonne- ment avec une ſubtilité ſupérieure à celle de l'Ecole, & tout-à fait propre à en im- poſer aux ſimples & mal aſſûrés. Mais ſe ſert-on contre eux des mêmes armes avec apparence de ſuccès? Ce ſont des *billeve- ſées*, dont ils éludent ou condamnent l'uſa- ge; pour s'en tenir uniquement à ce que la Nature préſente à leurs yeux de frap- pant. Tire-t-on de ces phénomènes ad- mirables, qui s'offrent à chaque pas, les mêmes conféquences que l'on avoit tirées de la *Métaphyſique*, ou de la conſtruction de l'Univers entier, pour établir la Créa- tion ou la Providence? Ils aiment mieux attribuer à un Agent aveugle & ſans rè- g'e, tel qu'eſt la Matiére, tous ces arran- gemens ſi bien ordonnés, qu'à la volonté & à la direction d'un Etre Intelligent & Tout-parfait. En appelle-t on à leur pro- pre ſentiment, pour décider de la différen- ce infinie qu'il y a entre *le principe penſant & libre* qui eſt en eux, & les mouvemens méchaniques de leur Corps? Ils renoncent ſans honte à ce ſentiment & à cette Li- berté, qui fait un des plus beaux appana-

C 5

ges

„ & la penſée, il n'y a point de liai-
„ ſon eſſentielle (*me dit-elle*).   Il eſt
„ poſſible que ton Antagoniſte ne
„ penſe non plus que ſa montre. Fal-
„ loit-il prendre pour un Etre pen-
„ ſant, le premier Animal à qui l'on
„ apprit à parler? Qui t'a révélé que
„ tous les Hommes ne ſont pas au-
„ tant de Perroquets inſtruits à ton
„ inſçû? . . . . . Cette comparaiſon
„ eſt tout au plus ingénieuſe (*me ré-*
„ *pliqua-t-il*).   Ce n'eſt pas ſur le
„ mouvement & les ſons; c'eſt ſur le
„ fil des idées, la conſéquence qui rè-
„ gne entre les propoſitions, & la
„ liaiſon des raiſonnemens, qu'il faut
„ juger qu'un Etre penſe.   S'il ſe
„ trouvoit un Perroquet qui répon-
„ dît à tout, je prononcerois ſans
„ balancer que c'eſt un Etre penſant
„ . . . . Mais qu'a de commun cette
„ queſtion avec l'Exiſtence de DIEU?
„ Quand vous m'aurez démontré que
„ l'homme en qui j'apperçois le plus
„ d'eſprit n'eſt peut-être qu'un Auto-
„ mate, en ſerai-je mieux diſpoſé à
„ re-

ges de la Nature Humaine, pour ne juger d'eux-mêmes que par ce qu'ils voient dans les autres Hommes leurs semblables. Leur fait-on remarquer *dans les raisonnemens*, les réflexions, les discours, les écrits, *les actions & la conduite*, de ces mêmes Hommes, une intelligence, un ordre, une étenduë de lumiéres, une varieté de connoissances, une pénétration & une suite de conséquences soutenues sur une infinité de sujets différens, qui indiquent en eux une faculté de penser distincte de la Matiére? Ils retorquent aussi-tôt qu'il n'y a rien là qui ne se remarque dans le simple méchanisme d'un Insecte, & que, si l'un est un automate, l'autre le doit être aussi. A cela l'on réplique, que, comme *c'est sur le fil des idées, sur la conséquence qui règne entre les propositions, & la liaison des raisonnemens, qu'il faut juger qu'un Etre pense*, c'est aussi sur les mêmes indices qui se remarquent à tout coup dans les ouvrages de la Nature, que l'on peut juger qu'ils doivent l'existence à l'intelligence du Premier Etre, qu'on appelle Dieu. D'où l'on conclut enfin, que *la Divinité est aussi clairement empreinte dans l'aile d'un Papillon, dans l'œil d'un Ciron, dans l'Univers entier, que la faculté de penser dans les Ouvrages du grand* Newton. Cette preuve, il en faut convenir, que notre Philosophe presse à

,, reconnoître une Intelligence dans
,, la Nature? ..... C'eſt mon affaire
,, (repris-je : Convenez cependant
qu'il y auroit de la folie à refuſer à
vos ſemblables la faculté de *penſer*.
,, Sans doute ; mais que s'enſuit-il
,, de-là? " Il s'enſuit, que, ſi l'Univers, que dis-je l'Univers, que ſi l'aile d'un Papillon m'offre des traces
mille fois plus diſtinctes d'une Intelligence, que vous n'avez d'indices que
votre ſemblable eſt doué de la faculté
de *penſer*, il ſeroit mille fois plus fou
de nier qu'il exiſte un Dieu, que de
nier que votre ſemblable *penſe*. Or
que cela ſoit ainſi, c'eſt à vos lumiéres, c'eſt à votre conſcience, que
j'en appelle. Avez-vous jamais remar-
qué dans les raiſonnemens, les actions
& la conduite, de quelqu'homme que
ce ſoit, plus d'intelligence, d'ordre,
de ſagacité, de conſéquence, que dans
le méchanisme d'un Inſecte? La Divinité n'eſt-elle pas auſſi clairement
empreinte dans l'œil d'un Ciron, que
la faculté de *penſer* dans les Ouvrages
du

sa maniére par deſſus toute autre, eſt aſſûrément ſans replique, pour toute perſonne qui
voudra faire uſage des lumiéres de ſa Raiſon.
Auſſi a·t·elle été pouſſée au plus haut dégré
de force poſſible par les plus grands Philoſophes & Théologiens de ce ſiècle. Mais a-
t-elle convaincu tous les *Athées?* A·t·elle
obtenu d'eux un acquiéſcement qu'ils re-
fuſaſſent à tout autre? Leur eſt - elle démontrée auſſi évidemment que *l'égalité des
trois angles d'un Triangle à deux droits?*
comme ils le demandoient. Ne leur reſte-
t-il plus de ſubterfuges? Sont-ils auſſi for-
tement perſuadés que la Machine de l'U-
nivers, que le Méchaniſme d'un Inſecte,
où on leur fait voir tant d'intelligence,
d'ordre & de ſagacité, eſt l'ouvrage de LA
DIVINITE', qu'ils le ſont que les penſées
& les Ecrits de *Newton* ſont de ce Philoſophe? L'œil, qui voit & lit ceux ci; l'o-
reille qui a entendu parler l'Auteur; le jugement que le Public ſavant porte de ſes
Ouvrages, & qui les lui attribue ſans difficulté; témoins irréfragables de ſa faculté
de *penſer*, dépoſent ils auſſi évidemment
ſur la *Cauſe intelligente*, du méchaniſme de
l'Inſecte, ou de la formation de l'Univers?
Cet Inſecte, cet Univers, conſidérés en
eux mêmes, n'étant que Matiére toute pure, mue & modifiée d'une maniére admi-

C 7

ra-

du grand *Newton?* Quoi! Le Monde formé prouve moins une Intelligence, que le Monde expliqué! Quelle assertion! ..... „ Mais (*répliquez-vous*) „ j'admets la faculté de *penser* dans „ un autre, d'autant plus volontiers „ que je *pense* moi-même ". . . . . . . Voilà, j'en tombe d'accord, une présomption que je n'ai point: Mais n'en suis-je pas dédommagé par la supériorité de mes preuves sur les vôtres? L'*intelligence* d'un Premier Etre ne m'est-elle pas mieux démontrée dans la Nature par ses ouvrages, que la faculté de *penser* dans un Philosophe par ses Ecrits? Songez donc que je ne vous objectois qu'une aile de Papillon, qu'un œil de Ciron, quand je pouvois vous écraser du poids de l'Univers. Ou je me trompe lourdement, ou cette preuve vaut bien la meilleure qu'on ait encore dictée dans les Ecoles. C'est sur ce raisonnement, & quelques autres de la même simplicité, que j'admets l'existence d'un DIEU; & non sur ces tissus d'i-

dées

rable, mais poſſible, ne pourroit-il point-
être l'effet d'un jet fortuit d'atomes, poſſible auſſi entre une infinité d'autres? Si
cela eſt, dira l'*Athée*, l'inférence que l'on
tire de cet effet en faveur de la Divinité,
n'eſt rien moins que démontrée. C'eſt cependant la rètorſion que lui prête notre
Philoſophe dans l'Article ſuivant, & qui
étant ſoûtenue d'un ton auſſi déciſif qu'il la
propoſe, pourroit l'embarraſſer lui-même
dans ſa preuve, toute évidente qu'elle ſoit
pour ceux qui ſont dans d'autres principes.

De plus, ſi cette preuve, ſur laquelle le
Déiſte, admet l'exiſtence d'une Divinité,
quoiqu'elle ne ſoit pas d'une démonſtration égale à celle de l'égalité des trois angles d'un Triangle à deux droits, parce
qu'elles ne ſont pas de même eſpèce eſt
ſolide; comment refuſera-t-il d'admettre
ſur des fondemens équivalens, non-ſeulement l'Immortalité de l'Eſprit qui penſe en
nous; l'ordre qui doit régner dans le Monde moral, autant & plus que dans le phyſique, s'ils reconnoiſſent le même Auteur;
& par conſéquent la différence du Bien &
du Mal moral, & une Providence univerſelle, qui conſerve & dirige l'un & l'autre
Monde; mais encore la Révélation de
Moïſe & celle de JESUS-CHRIST, puiſque
les marques de *Divinité y ſont auſſi clairement*

dées séches & métaphysiques, moins propres à dévoiler la Vérité, qu'à lui donner l'air du Mensonge.

X X I.

J'ouvre les cahiers d'un Professeur célèbre, & je lis : „ *Athées*, je vous „ accorde que le mouvement est es- „ sentiel à la Matiére. Qu'en con- „ cluez-vous ? ..... Que le Monde „ résulte du jet fortuit des Atômes ? „ J'aimerois autant que vous me dis- „ siez que l'*Iliade* d'*Homére*, ou la „ *Henriade* de *Voltaire*, est un résul- „ tat de jets fortuits de caractéres." Je me garderai bien de faire ce raisonne- ment à un *Athée*. Cette comparai- son lui donneroit beau jeu. Selon les loix de l'Analyse des Sorts (*me diroit- il*,) je ne dois point être surpris qu'u- ne

ment empreintes que dans *l'œil d'un Ciron*, ou
dans *l'aile d'un Papillon? C'est à ses lumieres,
c'est à sa conscience, que j'en appelle.* Les
démonſtrations de l'une n'égalent-elles pas
celles de l'autre? Et quand même l'une &
l'autre ſeroit encore ſujette à quelque difficulté, ſeroit-ce une raiſon pour douter de
vérités ſi bien établies? Où en ſeroit-on,
s'il faloit douter de tout ce qui ne ferme
pas la bouche à des *Incrédules*, des *Pyr-
rhoniens*, ou des Opiniâtres?

X X I.

Pourroit-on ſe perſuader, ſi on ne le
voyoit pas imprimé, qu'il pût jamais venir
dans l'eſprit d'aucun homme, moins encore d'un Philoſophe, une penſée auſſi bi-
zarre, qu'eſt celle de la poſſibilité d'*engendrer* des Livres, tant pour la matiére que
pour la forme, tels que l'*Iliade d'Homére*,
par un jet fortuit des lettres de l'Alphabet eſſayé à l'infini, & de trouver même
un avantage infini, à gager que la choſe
arriveroit? C'eſt bien pis que la gageure
du Charlatan de *De la Fontaine*, qui s'en
tira par ce bon mot; *Avant le tems marqué
pour l'événement, le Roi, l'Ane, ou moi, nous
mourrons.* Ici il faudra peut-être attendre
l'éternité pour décider de la gageure. Sûr
eſt-il que l'imagination la plus féconde ſe
trou-

ne chofe arrive, lorfqu'elle eſt poſſible, & que la difficulté de l'événement eſt compenſée par la quantité
des jets. Il y a tel nombre de coups
dans leſquels je gagerois avec avantage d'amener cent mille ſix à la fois,
avec cent mille dez. Quelle que fût
la ſomme finie des caractéres avec laquelle on me propoſeroit d'engendrer
fortuitement l'*Iliade*, il y a telle ſomme finie de jets qui me rendroit la
propoſition avantageuſe: Mon avantage feroit même infini, ſi la quantité de jets accordée étoit infinie. Vous
voulez bien convenir avec moi (*conti-
nueroit-il*), que la Matiére exiſte de
toute éternité, & que le mouvement
lui eſt eſſentiel. Pour répondre à cette faveur, je vais ſuppoſer avec vous,
que le Monde n'a point de bornes,
que la multitude des Atômes étoit infinie, & que cet ordre qui vous étonne, ne ſe dément nulle part. Or de
ces aveux réciproques, il ne s'enſuit
autre choſe, ſinon que la poſſibilité
d'engendrer fortuitement l'Univers
eſt

trouve confondue au feul dénonbrement, ou au feul afpect des fuppofitions qu'il faut faire, pour que l'exécution s'enfuive. Il faut fuppofer qu'il fe forme quelque part un amas de lettres de toutes fortes, fimples, Capitales, Italiques, autant au moins de chaque éfpèce qu'en peut contenir le Livre fusnommé, avec toutes les marques de ponctuation & d'accentuation ; qu'il exifte auffi quelque part la quantité de feuilles de papier nécéffaire pour y tracer le contenu de ce Livre, que ces lettres, éparfes ou ramaffées, foient à portée d'être jettées fur cette quantité de papier ; que ce papier foit étendu en l'air, ou fur un terrain, pour les recevoir, qu'il foit jetté fans règle & fans mefure fur chaque feuille autant de lettres qu'elle en peut contenir des deux côtés, ou fur toutes les feuilles à la fois en même tems ; que les lettres s'attachent des deux côtés également dans une jufte proportion, pour former le cadre du papier que les fimples occupent la place qu'elles doivent remplir ; que les Capitales fe placent à la tête des Sections, des Paragraphes, des Noms propres &c : que les lignes n'enjambent point les unes fur les autres ; que les mots foient féparés : que chaque ligne forme un vers, chaque vers un fens, chaque fens

une

est très-petite, mais que la quantité des jets est infinie, c'est-à-dire, que la difficulté de l'événement est plus que suffisamment compensée par la multitude des jets. Donc, si quelque chose doit répugner à la Raison, c'est la supposition que la Matiére s'étant mue de toute éternité, & qu'y ayant peut-être dans la somme infinie des combinaisons possibles, un nombre infini d'arrangemens admirables, il ne se soit rencontré aucun de ces arrangemens admirables dans la multitude infinie de ceux qu'elle a pris successivement. Donc l'esprit doit être plus étonné de la durée hypothétique du cahos, que de la formation réelle de l'Univers.

XXII. Je

une période, ni trop longue, ni trop courte, les périodes un tout suivi, dont lès
différentes parties aient entr'elles, une
certaine proportion. Il faut encore que
les feuilles ainfi écrites, ou moulées, fe
joignent enfemble pour lier toutes les parties du Difcours dans le même arrangement de penfées & de paroles qu'un Etre
intelligent, le Divin *Homère* lui-même,
Auteur de cet Ouvrage, l'auroit fait, &
que tout cela s'exécute en même tems:
Sans quoi, la difficulté devient d'autant
plus grande, qu'il n'y a aucune liaifon, ni
dépendance néceffaire, de l'une de ces
fuppofitions à l'autre, & que chacune eft
l'effet d'un arrangement, qui variant à
chaque inftant, & n'ayant aucune caufe fixe, eft à chaque inftant autant éloigné en
poffibilité d'un acte prochain ou de la fuppofition fuivante, qu'eft grand le nombre
des parties dont le Tout eft compofé. Si
ce nombre eft infini, la poffibilité eft pour
chacune des fuppofitions infiniment petite. Eh! que ne fera-ce pas, fi cette poffibilité, déja infiniment petite, diminue
encore à proportion du nombre des fuppofitions qu'il faut faire pour parvenir de
cette maniére à la génération de l'*Iliade*?

Auffi tout ce qu'il y a eu de gens fen-
fés, ont-ils toûjours regardé la poffibilité
d'une

d'une telle génération comme une véritable chimère; & par conséquent la comparaison que l'on en tire, comme très-propre à faire sentir le ridicule de l'opinion qui fait du Monde le résultat du jet fortuit des Atômes. Mais ce ridicule sautera encore plus aux yeux de tout homme non-entêté, si, après les suppositions toutes chimériques que demanderoit le jet fortuit des caractères pour en composer l'*Iliade*, l'on veut faire attention à celles sans nombre, & encore plus chimériques, qu'auroit demandé le jet fortuit des Atômes pour en composer le Monde entier.

C'est ici où il faut certainement s'aveugler soi-même de propos délibéré, pour n'y pas voir un nombre infini de suppositions toutes arbitraires, qui non-seulement rendent la possibilité de chacune infiniment petite, comme elle l'est dans la formation de l'*Iliade*, par un jet fortuit de caractères, ou d'une Montre par un jet fortuit de toutes les pièces qui entrent dans sa composition; mais qui, réunies comme il le faut, pour en avoir formé le Monde tout d'un coup, tel qu'il est, sont d'une impossibilité absoluë; parce qu'il implique contradiction qu'elles puissent avoir eu lieu toutes en même tems, comme le prouvent invinciblement la variété infinie

&

& la révolution périodique des mouvemens des Corps céleftes & terreftres, néceffaire pour leur entretien mutuel. Et
fi c'eft par dégrés, par parties, avec le
tems, par un mouvement d'attraction, de
pefanteur, de circulation, d'ofcillation,
d'ondulation, attaché à la Matiére, que
ces fuppofitions ont eu lieu, les unes a-
près les autres, la difficulté, ou plutôt
l'impoffibilité, augmente à chaque fuppofition, parce qu'une fuppofition une fois
établie demande néceffairement pour fa
confervation une fuite de phénomènes &
de mouvemens réguliers, que le jet fortuit des Atômes ne fauroit admettre,
qu'en fuppofant une poffibilité infiniment
petite, réduite à chaque inftant en acte,
tel qu'il convenoit à ces phénomènes,
c'eft-à-dire, qu'en faifant de ce qui n'eft
que poffible au plus bas dégré, un effet
conftant & néceffaire au plus haut dégré:
Ce qui eft le comble de l'extravagance.

Un habile Algébrifte, confulté fur cette
poffibilité de la formation de l'*Iliade*, ou
du Monde, par un arrangement fortuit
d'Atômes, y a répondu de cette maniére.
„ Si l'*Iliade* d'*Homère* n'étoit compofée
„ que d'une feule lettre, comme l'excla-
„ mation O, 24 jets différens, chacun
„ d'un caractère, fuffiroient pour donner
„ lieu

„ lieu au Hazard feul de la former. Si el-
„ le n'étoit compofée que de deux let-
„ tres, comme le mot *ou*, à chacune
„ des 24 variations de la premiére répon-
„ droient 24 variations de la feconde, &
„ il faudroit alors 24 fois 24, ou 576,
„ pour produire le même effet, & cha-
„ cun de deux caractères à la fois. Si el-
„ le ne confiftoit encore qu'en trois let-
„ tres, comme le mot *oui*, à chacun
„ des 24 x 24, ou des 576 variations
„ des deux premieres lettres, en répon-
„ droient 24 de la troifième. De forte
„ que le nombre des variations poffibles
„ de ces trois lettres, feroit égal a 24 x
„ 24 x 24, chacun de trois caractéres. Le
„ nombre des lettres qui entrent dans ce
„ fameux Poëme étant donc enfin de
„ 650,000, ou environ, on trouvera,
„ par des raifonnemens femblables que le
„ nombre des jets, néceffaire pour don-
„ ner lieu au Hazard de former cet Ou-
„ vrage, fera égal au produit de 24 mul-
„ tiplié 650,000 fois par lui - même,
„ c'eft-à-dire à un nombre compofé de
„ 897,138 chifres, dont les huit premiers
„ fervoient 20282079; & chacun des jets
„ dans ce dernier cas, fe feroit avec
„ 650,000 caractères à la fois. Confidé-
„ rant de même l'Univers comme un Li-
„ „ vre

,, vre formé par un auſſi grand nombre de
,, lettres, qu'il renferme d'objets diffé-
,, rens, & par des lettres d'un auſſi grand
,, nombre d'eſpèces que les varietés dont
,, chacun de ces différens objets étoit ſuſ-
,, ceptible; on trouvera aiſément que le
,, nombre de jets néceſſaires pour donner
,, lieu au Hazard de former l'Univers, auroit
,, dû être égal au produit de infini multi-
,, plié une infinité de fois par lui-même.
,, On auroit donc beau ſuppoſer infini le
,, nombre des jets arrivés dans chacun des
,, inſtans dont l'Eternité eſt compoſée; leur
,, nombre total ne ſeroit qu'égal au produit
,, de l'infini multiplié une ſeule fois par lui-
,, même; c'eſt-à-dire, beaucoup plus in-
,, finiment moindre que celui que nous ve-
,, nons de trouver. Donc, malgré le
,, nombre infini des jets & des différens
,, concours des Atômes, il y aura toûjours
,, plus que l'infini à parier contre un,
,, qu'il ne ſauroit avoir produit l'Univers. "

L'*Athée*, le *Déiſte*, aura beau dire, que
dans la ſomme infinie des combinaiſons
poſſibles il y a peut-être *un nombre infini
d'arrangemens admirables*, dont l'Univers
que nous habitons n'eſt qu'un échantillon,
& que, comme, ſelon nous, Dieu a
choiſi celui-ci préferablement à tout autre, le jet fortuit des Atômes pouvoit auſ-

ſi produire celui-ci ou celui-là entre une infinité de poſſibles. J'en conviens ſans difficulté par rapport à DIEU, qui étant, ſelon nous, de toute éternité intelligent & infiniment ſage & puiſſant, a pu, entre tous les Mondes poſſibles, également dignes de ſa Sageſſe & de ſa Bonté, choiſir celui auquel il vouloit donner l'être, & arranger dans le tems, & par les moyens convenables, tout ce qui étoit néceſſaire pour une pleine & parfaite exécution. Mais d'attribuer la même poſſibilité à un jet fortuit des Atômes, c'eſt non ſeulement ſuppoſer l'éternité de la Matiére contre toute vraiſemblance, & contre tout ce que nous connoiſſons de ſes proprietés: C'eſt ſuppoſer, contre l'expérience & l'idée que nous avons du contraire, que le mouvement. eſt eſſentiel à la Matiére: C'eſt ſuppoſer, contre toute raiſon, qu'en admettant le mouvement eſſentiel à la Matiére.

PENSE'ES PHILOSOPHIQUES.

X X I I.

Je diſtingue les *Athées* en trois claſſes. Il y en a quelques-uns, qui vous diſent nettement qu'il n'y a

point

tiére il pût produire aucun corps organifé, puifque, par-là même qu'il feroit effentiel à la Matiére, elle ne pourroit ceffer d'être en mouvement, & ne pouvant ceffer d'être en mouvement, elle ne pourroit ni former, ni conferver, aucun affemblage conftant & permanent de parties en repos les unes près des autres: C'eft fuppofer encore, contre les notions les plus communes, que ce qui n'a aucune règle fixe, peut obferver un ordre qui ne fe démente nulle part. Mais de plus c'eft attribuer de la conftance à ce dont le caractère fixe eft d'être inconftant; de la fageffe, de la puiffance, du but, des moyens, à ce qui n'en eft pas fufceptible; des effets tout lumineux, à une Caufe aveugle. C'eft en un mot réalifer, & faire agir à fon gré, ce dont on n'a aucune idée, ce qui n'exifta jamais. S'il eft des gens affez rebours pour ofer avancer fans honte des propofitions auffi infoûtenables, où eft l'efprit affez modéré pour les entendre fans en être revolté?

X X I I.

Sous quelque face que fe préfentent ces diverfes fortes d'*Athées*, en qualité d'*Athées*, ils font toûjours très-mauvaife figure dans une Societé Civile ou Eccléfiaftique,

point de D i e u, & qui le penfent;
ce font les vrais Athées : un affez
grand nombre, qui ne favent qu'en
penfer, & qui décideroient volontiers
la queftion à croix ou pile, *ce font les
Athées Sceptiques*; beaucoup plus, qui
voudroient qu'il n'y en eût point, qui
font femblant d'en être perfuadés,
qui vivent comme s'ils l'étoient; *ce
font les fanfarons du parti.* Je dé-
tefte les fanfarons, ils font faux: Je
plains les vrais Athées, toute confo-
lation me femble morte pour eux; &
je prie D i e u pour les Sceptiques,
ils manquent de lumiéres.

XXIII. Le

& il eſt du bon ordre de les en bannir,
s'ils ne peuvent ou ne veulent être ni inſtruits, ni corrigés. Je laiſſe à part ceux
qui, par une ignorance preſque invincible,
n'ont aucune connoiſſance de la Divinité,
& ceux qui, par un eſprit de ſyſtême,
ſont venus à ſe perſuader qu'il n'en eſt
point de certaine, mais qui, par le même
eſprit, jugeans que leur opinion, répan-
due dans le monde ſeroit la ſource d'une
infinité de deſordres, en font un ſecret inviolable juſqu'à la mort, & vivent tout
comme les autres, qui font profeſſion de
croire un DIEU. Si les Athées de cette eſpèce ne ſont point ſujets au jugement des
Hommes, ils ont tout à craindre de DIEU
ſuppoſé Exiſtant, s'ils ont abuſé des talens
& des moyens qu'ils avoient de le connoître. Il en eſt d'autres, qui, prévenus
contre toute idée de DIEU & de Religion, inſinuent doucement & finement
dans l'eſprit de ceux qu'ils fréquentent le
venin dont ils ſont infectés. Ceux-ci méritent par plus d'un endroit d'être reprimés,
dès-qu'ils viennent à la connoiſſance des *Juges* & de l'être de façon que l'on ôte toute
envie à leurs ſemblables d'en faire autant.
L'on ne peut encore que regarder comme
pernicieux, & traiter comme tels, ceux
qui feignent de douter de toutes choſes,

D 3 pour

XXIII.

Le *Déiste* assûre l'Existence d'un
DIEU, l'immortalité de l'Ame, &
ses suites: Le *Sceptique* n'est point décidé sur ces articles: L'*Athée* les nie.
Le *Sceptique* a donc, pour être vertueux, un motif de plus que l'*Athée*,
& quelque raison de moins que le
Déiste.   Sans la crainte du Législa-
teur, la pente du tempérament, &
la connoissance des avantages actuels
de

pour être autorisés à parler de même de la Divinité. Quant à ceux qui étoufent, en-tant qu'en eux eft, la perfuafion de l'exif-tence de DIEU, afin de pouvoir pécher avec plus de licence, ou parce qu'étant fort criminels, il leur conviendroit qu'il n'exiftât pas ; ce font peut-être les plus coupables aux yeux de DIEU, quoique les moins punis au jugement des Hommes. La Charité veut qu'on les *plaigne* tous, & qu'on *prie* pour eux : Mais, tant qu'ils perfiftent dans leurs idées, dans leurs prin-cipes, dans les conféquences qui en dé-coulent, dans les motifs qui les font agir, & dans la conduite qu'ils tiennent, ils mé-ritent tous également d'être *déteftés*.

X X I I I.

La véritable Vertu, la Sainteté univer-felle, & l'excellence des biens qui y font attachés, eft le grand point de vûe que tout Etre Intelligent, né pour être heu-reux, doit fe propofer dans toutes fes ac-tions. Tout ce qui y tend, doit être re-cherché avec foin, comme tout ce qui en éloigne doit être évité. *La pente du tem-pérament* y fert quelquefois : Mais qu'eft-ce que la vertu de tempérament, fi elle n'eft appuyée par des motifs ? L'autorité des Loix peut porter aux actes extérieurs de

Ver-

de la Vertu, la probité de l'*Athée*
manqueroit de fondement, & celle
du *Sceptique* seroit fondée sur un *peut-
être.*

XXIV. Le

Vertu: Mais elles n'ont aucune force pour l'intérieur, qui en fait l'essence. La beauté intrinsèque de la Vertu, l'approbation qu'on lui donne, la récompense qu'elle tire d'elle-même, peuvent bien exciter les Ames nobles à de beaux sentimens & à de grandes actions. Mais combien peu, avec les seules lumiéres de la Raison, savent tirer parti de la connoissance de ces avantages, & peuvent s'assûrer de leur durée au-delà de cette Vie? Ce n'est qu'à la connoissance d'un Dieu, de l'immortalité de l'Ame, d'une Providence, de la distinction du Bien & du Mal, que nous fournit la Religion Naturelle, & de ce qu'y ajoûte la Révélation, ou la Religion Chrétienne, que nous devons les plus pressans motifs à la Vertu, les plus puissans secours pour la pratiquer, & la pleine assûrance d'une félicité durable, qui est à sa suite. L'*Athée*, qui rejette cette connoissance, ne peut qu'être exclus de ses avantages: Le *Sceptique*, avec ses doutes, n'en sauroit jouïr: Le *Déiste*, s'il faisoit un bon usage de ses lumiéres, pourroit se la procurer. Mais le *vrai Chrétien* a tout ce qu'il lui faut pour rendre sa vertu parfaite & son bonheur assûré.

X X I V.

Le *Scepticisme* ne convient pas à tout le monde. Il suppose un examen profond & desintéressé : Celui qui doute, parce qu'il ne connoit pas les raisons de crédibilité, n'est qu'un Ignorant. Le vrai *Sceptique* a compté & pesé les raisons. Mais ce n'est pas une petite affaire que de peser des raisonnemens. Qui de nous en connoît exactement la valeur? Qu'on apporte cent preuves de la même vérité; aucune ne manquera de partisans. Chaque esprit a son télescope. C'est un colosse à mes yeux que cette objection, qui disparoît aux vôtres : Vous trouvez légere une raison qui m'écrase. Si nous sommes divisés sur la valeur intrinsèque, comment nous accorderons-nous sur le poids rélatif? Dites-moi, combien faut-il de preuves morales pour contrebalancer une conclusion métaphysique ? Sont-ce mes lunettes qui péchent, ou les vôtres? Si donc il est si difficile de peser

des

X X I V.

Il y a deux écueils à éviter dans la recherche de la Vérité; la précipitation à juger, & une perpétuelle incertitude. Le premier nous fait souvent prendre le Faux pour le Vrai, l'Erreur pour la Vérité. Le second nous les fait regarder sous la même face. Le premier nous fait faire du chemin, mais il faut quelquefois revenir sur ses pas: Le second nous laisse toujours dans la même place. A tout prendre, dans une vie active comme la nôtre, le premier, quoiqu'il puisse nous égarer, est moins à craindre & peut nous être plus utile que le second. Il y a d'ailleurs des Règles pour se garentir de ce qu'il y a de plus dangereux dans le premier; Mais au second les Règles même sont incertaines & suspectes. Que dans l'examen d'une Question il se présente à mon esprit des raisons pour & contre assez fortes pour laisser la chose indécise; si je ne suis pas obligé de prendre parti, ou d'agir en conséquence, je suspens mon jugement, & j'attens plus de lumiéres pour me déterminer. Si je suis obligé de le faire sur le champ, les raisons les plus probables (& il est bien rare qu'il n'y en ait pas de telles), les idées les plus communes du Bon-

D 6   Sens,

des raisons, & s'il n'est point de questions qui n'en aient pour & contre,
& presque toujours à égale mesure,
pourquoi tranchons-nous si vîte? D'où
nous vient ce ton si décidé? N'avons-
nous pas éprouvé cent fois que la suf-
fisance dogmatique révolte? „ On
„ me fait haïr les choses vraisembla-
„ bles (*dit l'Auteur des* ESSAIS*),
„ quand on me les plante pour infail-
„ libles. J'aime ces mots qui amol-
„ lissent & modérent la témérité de
„ nos propositions, *à l'avanture,*
„ *aucunement, quelquefois, on dit,*
„ *je pense,* & autres semblables; & si
„ j'eusse eu à dresser des Enfans, je
„ leur eusse tant mis en la bouche
„ cette façon de répondre enques-
„ tante & non résolutive, *Qu'est-ce*
„ *à dire? Je ne l'entens pas, Il pour-*
„ *roit être, Est-il vrai?* qu'ils eussent
„ plutôt gardé la forme d'Apprentifs
„ à soixante ans, que de représenter
„ les Docteurs à l'âge de quinze ".

* MONTAGNE, *Liv. III. C. XI.*

XXV. Qu'est-

Sens, dans les circonstances où l'on se
trouve, doivent l'emporter sur celles qui
présentent quelque difficulté: Autrement,
je perdrois, à trop balancer ces raisons,
le tems destiné à agir d'une maniére ou
d'une autre: Mais c'est toûjours sur les
preuves qui me frappent le plus, que je
dois me déterminer, & non sur le jugement qu'en portent les autres.   Chacun a
son sens, & sa mesure de talens, suivant
laquelle il doit juger & se conduire: Ce sera aussi la Règle, suivant laquelle il rendra compte de sa conduite au Souverain
Juge.

    XXV. C'est

XXV.

Qu'eſt-ce que DIEU? queſtion qu'on fait aux Enfans, & à laquelle les Philoſophes ont bien de la peine à répondre.

On ſait à quel âge un Enfant doit apprendre à lire, à chanter, à danſer, le Latin, la Géométrie. Ce n'eſt qu'en matiére de Religion qu'on ne conſulte point ſa portée: A peine entend-il qu'on lui demande, Qu'eſt-ce que DIEU? C'eſt dans le même inſtant, c'eſt de la même bouche, qu'il apprend qu'il y a des Eſprits follets, des Revenans, des Loups-garoux, & un DIEU. On lui inculque une des plus importantes Vérités, d'une maniére capable de la décrier un jour au tribunal de ſa Raiſon. En effet qu'y aura-t-il de ſurprenant, ſi, trouvant à l'âge de vingt ans l'exiſtence de DIEU confondue dans ſa tête avec une foule de préjugés ridicules, il vient à la méconnoître & à la traiter ainſi que nos Juges traitent un Honnête

X X V.

C'est aſſûrément un défaut dans l'éducation des Enfans, que de leur parler de Dieu, avant que leur foible conception ſoit en état de recevoir les idées qu'on veut leur donner de cet Etre Suprême. C'en eſt un autre, que de le faire par des Demandes auxquelles ils ne peuvent répondre qu'en Perroquets. Il convient, & les Maîtres de l'Art le conſeillent, que ſur toutes choſes, & principalement en fait de Religion, l'on conſulte leur portée, & que l'on commence toûjours par les premiers élémens; que l'on commence, par exemple, par leur prouver l'exiſtence de Dieu ſous l'idée d'un Etre Suprême, Intelligent, qui a créé les Cieux & la Terre, avant que de leur expliquer la nature de cet Etre. Il eſt encore plus déraiſonnable de les entretenir, d'*Eſprits follets*, de *Revenans*, de *Loups garoux*, & d'autres Contes faits à plaiſir. Juſques-là le Chrétien eſt d'accord avec le Philoſophe. Mais le Chrétien va plus loin: Il croit qu'on peut, dès les premiéres années de la Vie des Enfans, tourner l'uſage de leur Raiſon, à connoître Dieu, non par des Queſtions vagues & générales, mais en leur faiſant faire attention à tout ce qu'il faut pour élever un

Bâ-

nête-homme, qui se trouve engagé
par accident dans une troupe de Co-
quins?

XXVI.

On nous parle trop tôt de Dieu:
autre défaut, on n'insiste pas assez sur
sa

Bâtiment, pour faire une Montre, pour imprimer un Livre ; & les amenant de là à l'arrangement du Ciel, de la Terre, & de tout ce que le Monde renferme de beau, d'utile, & à leur portée, pour leur faire conclurre que ce Monde fi grand ne s'eft pas fait lui-même, & que celui qui l'a fait doit être plus habile que l'Architecte & l'Horloger.   Avec un peu de patience, de dextérité, & d'attention à profiter des ouvertures que l'efprit de l'Enfant vous donnera, l'on peut le conduire à une connoiffance de DIEU plus détaillée, qui lui fera d'un fruit infini, quand il la rappellera au tribunal de fa Raifon.   Car, comme le remarque un de nos célèbres Prélats fur ce fujet, * „ autant que les „ préjugés de l'Enfance font pernicieux, „ quand ils ménent à l'Erreur ; autant „ font-ils utiles, lorsqu'ils accoûtument „ l'Imagination à la Vérité, en attendant „ que la Raifon puiffe s'y tourner par „ principes. ”

* FENELON *de l'Education des filles* Ch. VII.

X X V I.

Entre les idées de DIEU que l'on peut donner aux Enfans, dès-qu'ils commencent à entendre ce qu'on leur dit, celles
qui

ſa préſence.   Les Hommes ont banni la Divinité d'entr'eux: Ils l'ont rélé-guée dans un Sanctuaire; les murs d'un Temple bornent ſa vûe: Elle n'exiſte point au-delà.   Inſenſés que vous êtes, détruiſez ces enceintes qui rétréciſſent vos idées, élargiſſez DIEU: Voyez-le par-tout où il eſt; ou dites qu'il n'eſt point.   Si j'avois un Enfant à dreſſer, moi, je lui fe-rois de la Divinité une compagnie ſi réelle, qu'il lui en couteroit peut-être moins pour devenir Athée que pour s'en diſtraire.   Au lieu de lui citer l'exemple d'un autre homme qu'il connoit quelquefois pour plus mé-chant que lui; je lui dirois brusque-ment, DIEU *t'entend, & tu ments.* Les Jeunes-gens veulent être pris par les Sens: Je multiplierois donc autour de lui les ſignes indicatifs de la pré-ſence Divine. S'il ſe faiſoit, par exem-ple, un cercle chez moi, j'y marque-rois une place à DIEU, & j'accoutu-merois mon Eléve à dire, „ Nous „ étions quatre, DIEU, mon Ami, „ mon

qui me paroiſſent les plus propres à faire impreſſion ſur leur eſprit, ce ſont celles de ſa Bonté & de ſa Toute-préſence : J'en conviens avec l'Auteur. Il n'y a preſque pas de moment dans la vie, où l'on ne puiſſe leur en faire remarquer des traits dans ce qui ſe paſſe autour d'eux. Voient-ils le Soleil ſe lever ou ſe coucher? Sentent-ils les douces influences de ſa préſence ou de ſon abſence? S'apperçoivent-ils du changement des ſaiſons? Entendent-ils parler les autres? Parlent-ils eux-mêmes? Contemplent ils les productions de la Nature? Goûtent-ils les fruits de leur Jardin? Ont-ils la faculté de ſe promener & d'agir? Jouïſſent-ils de la liberté de penſer? Il eſt aiſé de leur faire comprendre par de courtes Demandes & des Réflexions à leur portée, que c'eſt de la Bonté de DIEU qu'ils tiennent tous ces biens, & une infinité d'autres, parce qu'il a tout créé, & que ſa Providence pourvoit encore à la conſervation de toutes choſes. D'où il réſulte qu'il en a une connoiſſance intime, & qu'il poſſède lui-même, dans un dégré convenable à ſa nature, la fin pour laquelle ces biens ſont deſtinés (a). *Celui qui a planté l'oreille, n'entendroit-il point? Celui qui a formé l'œil, ne verroit-il point? Celui qui*

a

„ mon Gouverneur, & moi ”.

a donné l'intelligence à l'Homme, ne con-
noîtroit-il pas l'usage qu'il en fait? Quels
sentimens d'amour & de crainte, de telles
idées ne sont-elles pas capables de produire dans les Enfans, quand on fait les leur
présenter à propos & sous leur face naturelle? Tout vrai Chrétien, qui doit en ê-
tre persuadé plus qu'aucun, en tirera cet
usage: Et bien loin de renfermer la Divinité dans un Temple matériel, comme
les Idolatres, il se fait de son esprit & de
son cœur, autant de *Temples*, où DIEU
est connu, aimé, honoré, craint & servi
du culte le plus pur qu'il puisse lui rendre.
Mais formant une Societé avec d'autres
Hommes, qui reconnoissent, comme lui,
ce même DIEU, Tout-Bon, Tout-Saint,
& présent par tout; quoi de plus digne de
leur amour, de leur respect & de leur zèle, que de s'assembler en commun pour
lui rendre des hommages publics, pour
célébrer des concerts à sa louange, pour
s'édifier & s'instruire mutuellement, pour
réunir leurs priéres & leurs bénédictions
en faveur de tous les Membres de leur Societé, & de tous les autres Hommes?
Quoi de plus efficace pour attirer sur tous
la continuation des bienfaits du Très-
Haut? Laissans donc aux Enfans, & à
leurs semblables, qui *veulent être pris par*

les

XXVII.

L'Ignorance & l'*Incuriosité* font deux oreillers fort doux : Mais pour les trouver tels, il faut avoir *la tête aussi bien faite* que MONTAGNE.

XXVIII. Les

les sens, à refferrer la Divinité dans des Temples, ou à la défigurer par des Images, & autres *Signes* vifibles, ou *indicatifs*; n'attachons à ces Bâtimens aucune autre fainteté que celle qu'y portent des cœurs purs. Confervons en efprit la Toute-préfence de Dieu. Ne la perdons jamais de vûe: Mais gardons nous bien de la mettre de moitié dans nos fuperftitions, dans nos jeux, dans nos parties de plaifir, & dans nos débauches. C'eft en Père tendre, fans indulgence; en Ami fincère, fans connivence; en Etre Saint, fans fupport pour le Vice; & en Juge intègre, fans partialité, qu'il veille fur notre conduite, qu'il connoit tout ce qui nous arrive de bien & de mal, qu'il tient un régiftre exact de nos actions, & qu'il nous fera rendre compte de toutes nos démarches.

XXVII.

La Science eft toûjours de mife, quand on en fait faire un bon ufage; & la curiofité qui y conduit, doit toûjours paffer pour utile. Mais ce feroit témérité, que de chercher à tout favoir. Ce feroit orgueil, que de s'attribuer plus de capacité qu'on ne peut aquerir de connoiffances. L'aveu de fon ignorance en bien des cas, eft un effet de modeftie, ou d'une connoiffance
plus

XXVIII.

Les esprits bouillans, les imaginations ardentes, ne s'accommodent pas de l'indolence du *Sceptique*. Ils aiment mieux hazarder un choix, que de n'en faire aucun; se tromper, que de vivre incertains: soit qu'ils se méfient de leurs bras, soit qu'ils craignent la profondeur des eaux, on les voit toujours suspendus à des branches dont ils sentent toute la foiblesse, & auxquelles ils aiment mieux demeurer accrochés que de s'abandonner au torrent. Ils assurent tout, bien qu'ils n'aient rien soigneusement examiné: Ils ne doutent de rien, parce

ce

plus particuliére de foi-même, & de la foi-
bieffe humaine, que l'on n'en a ordinairement. Il eft auffi d'un homme fage, de
favoir borner fa curiofité à ce qui peut ê-
tre connu & qui nous intéreffe. Mais
l'on ne doit jamais fe piquer, ni fe faire
un mérite du défaut de fes connoiffances,
c'eft une fuite de l'imperfeftion de l'Homme: Encore moins, de n'en avoir point
du tout; c'eft fe réduire au rang des Bêtes.

XXVIII.

Il eft fur-tout des connoiffances que l'on
doit fe piquer d'aquerir, autant que l'on
en eft capable, dont l'on ne peut être privé fans de grands dangers, & où la curiofité eft des plus louables. Telles font celles de fon origine, de fon état, du but
que l'on doit fe propofer, de fes Devoirs,
de fa fin, de fon fort à venir. L'on peut
ignorer tout cela, & être tranquille,
quand l'on manque de talens & de moyens
pour parvenir à une connoiffance fi utile.
Mais celui qui aiant des talens & des moyens pour s'inftruire de toutes ces chofes,
fi ce n'eft à fond, au moins en partie, non-
feulement ne le fait pas, mais ne veut pas
le faire, & fe pique de demeurer dans fon
ignorance, ou, qui, après avoir réfléchi
fur la nature de Dieu & de l'Homme,

ce qu'ils n'en ont ni la patience ni le courage. Sujets à des lueurs qui les décident, si par hazard ils rencontrent la Vérité; ce n'est point à tâtons, c'est brusquement, & comme par révélation. Ils sont entre les Dogmatiques, ce qu'on appelle les Illuminés chez le Peuple Dévot. J'ai vû des Individus de cette espèce inquiéte, qui ne concevoient pas comment on pouvoit allier la tranquillité d'esprit avec l'indécision. „ Le moyen „ de vivre heureux, sans savoir qui „ l'on est, d'où l'on vient, où l'on „ va, pourquoi l'on est venu ”? Je me pique d'ignorer tout cela, sans en être plus malheureux (*répondoit froidement le Sceptique*): Ce n'est point ma faute, si j'ai trouvé ma Raison muette, quand je l'ai questionnée sur mon état. Toute ma vie j'ignorerai sans chagrin ce qu'il m'est impossible de savoir. Pourquoi regretterois-je des connoissances que je n'ai pu me procurer, & qui sans doute ne me sont pas fort nécessaires, puisque j'en

suis

a quelque foupçon que DIEU peut s'être révélé à nous, & ne cherche pas à s'en affûrer; c'eft un Entêté, un Aveugle volon-
taire, un Malade incurable, qui ne mérite
pas qu'on lui offre des remèdes: Il les re-
cevroit tous de la même manière.

ſuis privé ? J'aimerois autant, a dit
un des premiers génies de notre ſiècle, m'affliger ſérieuſement de n'a-
voir pas quatre yeux, quatre pieds,
& deux aîles.

X X I X.

On doit exiger de moi que je cherche la Vérité, mais non que je la
trouve. Un ſophisme ne peut-il pas
m'affecter plus vivement qu'une preuve ſolide? Je ſuis néceſſité de conſen-
tir au Faux, que je prens pour le
Vrai, & de rejetter le Vrai, que je
prens pour le Faux : Mais qu'ai-je à
craindre, ſi c'eſt innocemment que je
me trompe? L'on n'eſt point récom-
penſé dans l'autre Monde pour avoir
eu de l'eſprit dans celui-ci : Y ſeroit-
on puni pour en avoir manqué? Damner un homme pour de mauvais raiſonnemens, c'eſt oublier qu'il eſt un
Sot pour le traiter comme un Méchant.

XXX. Qu'eſt-

XXIX.

Si l'on doit *chercher* la Vérité, c'eft fans doute pour la *trouver*. Si l'on échoue dans cette recherche, & que l'on y prenne le Faux pour le Vrai, le Vrai pour le Faux; ce n'eft pas toujours le defaut des moyens qui y conduifent, mais plutôt le manque de qualités & de difpofitions à la trouver dans ceux qui la cherchent. C'eft quelque-fois inattention, indolence, pareffe, trop d'ardeur, précipitation à juger, amour de la diftinction &c. Mais c'eft le plus fou-vent indifference pour la Vérité, quelque utile, importante, digne de nos recherches, qu'elle foit en elle-même & fouvent facile à trouver à qui la recherche. Dans tous ces cas, & fur-tout au dernier, ce n'eft pas innocemment, ni *néceffitamment*, qu'on fe trompe. Le fentiment que chacun doit avoir de la liberté avec laquelle il fe déter-mine, quand il confent au Faux, ou qu'il rejette le Vrai, en eft pour lui la plus for-te preuve qu'on pût lui donner. Si c'eft

E 3

. man-

XXX.

Qu'eſt-ce qu'un *Sceptique ?* C'eſt un Philoſophe qui a douté de tout ce qu'il croit, & qui croit ce qu'un uſage légitime de ſa Raiſon & de ſes Sens lui a démontré vrai. Voulez-vous quelque choſe de plus précis? Rendez ſincère le Pyrrhonien, & vous aurez le Sceptique.

manque de pénétration ou de bonne-foi, qu'il n'en veut pas convenir, c'est en vain qu'on entreprendroit de l'en convaincre. DIEU seul en sera le Juge, qui est trop éclairé & trop équitable pour *traiter le Sot comme le Méchant.*

X X X.

Les premiers qui enseignérent que pour réussir dans la recherche de la Vérité il faloit commencer par douter de tout, ne pûrent que revolter ceux qui étoient accoûtumés à ne douter presque de rien. Mais les gens raisonnables s'apperçûrent bien-tôt qu'il y avoit un milieu à garder entre ces deux extrémités, & que si d'un côté ce précepte, pris dans toute son étendue, étoit à la lettre impraticable & répugnoit au premier usage de la Raison & des Sens; de l'autre, s'il étoit bien entendu & restreint à ses justes bornes, il ne vouloit dire autre chose, si ce n'est que, pour s'assûrer de la vérité d'une Proposition dont l'évidence ne saute pas aux yeux, & qu'il nous importe de bien connoître, il faloit l'examiner avec la même attention & la même dépréoccupation que l'on apporte aux Questions les plus douteuses. Selon cette Règle, l'on pourra appeller *Sceptique* ou *Pyrrhonien* outré &

dérai-

déraisonnable, celui qui dit qu'*il ne croit rien que ce dont il a douté*; comme s'il pouvoit douter sérieusement de son existence, de sa vie, de sa pensée, de ses doutes, de l'existence de plusieurs autres Etres, & de celle en particulier d'un Etre, quel qu'il soit, à qui il doit la vie & le mouvement, qu'il sent bien ne s'être pas donné lui-même.   L'on appellera au contraire *Sceptique raisonnable. Pyrrhonien sincère* (les noms ne font rien à la chose,) celui qui, convaincu par un sentiment intime de ce qui est en lui & hors de lui, non-seulement s'applique, autant qu'il en est capable, à démêler le Vrai du Faux de tout ce qu'il est appellé à examiner pour sa conduite, & qui se rend, sans hésiter, à tout *ce qu'un légitime usage de sa Raison & de ses Sens* lui apprend être tel qu'il l'apperçoit, mais de plus, qui, par amour pour la Vérité, au lieu de revoquer en doute celles qu'il aura une fois connues, quand même on y opposeroit des difficultés qu'il ne pourroit pas résoudre; cherche plutôt à en tirer des conséquences légitimes, pour en découvrir de nouvelles, qui, en augmentant ses connoissances, servent de règles à ses Devoirs & de fondement à ses espérances.

XXXI. C'est

XXXI.

Ce qu'on n'a jamais mis en question, n'a point été prouvé: Ce qu'on n'a point examiné sans prévention, n'a jamais été bien examiné. Le *Scepticisme* est donc le premier pas vers la Vérité. Il doit être général; car il en est la pierre de touche. Si pour s'assurer de l'existence de Dieu, le Philosophe commence par en douter, y a-t-il quelque Proposition qui puisse se soustraire à cette épreuve?

XXXII. L'In-

XXXI.

C'eſt à de tels *Sceptiques* que je deman-
derois volontiers, ſi ce qui par ſon évidence n'a jamais été mis en queſtion a beſoin
de preuves? Si quelque légére prévention
empêche qu'on ne puiſſe, par un Examen,
parvenir à la connoiſſance de bien des vérités? Si *le premier pas vers la Vérité*, c'eſt
de n'en reconnoître réellement aucune?
Faut-il autre choſe qu'un peu d'attention
& de bonne foi pour répondre négative-
ment à ces demandes? Mais en dois-je
ſuppoſer dans notre Philoſophe, après ce
que je viens de lire, qu'un *Scepticiſme géne-
ral, un doute univerſel eſt la pierre de touche
de la Vérité?* Quoi donc! un Principe qui
ne reconnoît ni vérité, ni erreur, pourroit-il ſervir à les diſtinguer l'une de l'autre? Tout au plus pourroit-on le dire de
l'Examen qui doit ſuivre ce doute: Encore
faudroit il avouer qu'il y a un grand nombre de vérités, des premiéres, des plus
importantes, comme notre propre exiſtence, celle des corps qui nous environ-
nent, celle d'un Etre Eternel & Intelligent, notre propre Liberté, nos premiers
devoirs, qui nous ſont déjà mieux connus par l'expérience, par le ſentiment,
par les lumiéres naturelles, par le plus

E 6

ſimple

XXXII.

L'Incrédulité est quelquefois le vice d'un Sot, & la Crédulité le défaut d'un Homme-d'esprit. L'Homme-d'esprit voit loin dans l'immensité des possibles; le Sot ne voit guères de possible que ce qui est. C'est-là peut-être ce qui rend l'un pusillanime, & l'autre téméraire.

XXXIII.

On risque autant à croire trop, qu'à croire trop peu. Il n'y a ni plus ni moins de danger à être *Polythéiste* qu'*Athée*. Or le *Scepticisme* peut seul garan-

fimple raifonnement, qu'elles ne pourroient l'être par l'Examen le plus fevère
précedé ou accompagné de doute.

XXXII.

Chez qui que fe trouve *l'Incrédulité*, s'il
y a des raifons légitimes de croire, c'eft
toujours un vice; tout comme la *Crédulité*,
fi elle n'eft pas fondée fur une lumiére raifonnable. *L'Homme d'efprit* crédule, & le
Sot incrédule peuvent également pécher
dans le fait: mais les principes de la Crédulité du premier & de l'Incrédulité du fecond aggravent confidérablement leur coul-
pe. Si l'un craint de faire ufage de fes talens dans des chofes de la derniére importance, c'eft pure *pufillanimité*. Si l'autre
s'élève par orgueil, au deffus de fa Sphè-
re, & pour autorifer une conduite crimi-
nelle fuit des principes auxquels il ne fauroit donner la moindre couleur, c'eft une
fotte *témérité*.

XXXIII.

S'il y a également de danger à *croire trop*
& à *croire trop peu*, & que fuivant le Syftême de l'Auteur répandu dans fon Ouvrage, rien ne puiffe être démontré qu'en
matiéres de Mathématiques, il s'enfuivra
E 7

que

garantir également, en tout tems &
en tout lieu, de ces deux excès op-
posés.

XXXIV. Un

que fur toute autre matiére, il n'y a point de Démonftration proprement dite.   Par conféquent le *Sceptique* fera réduit, pour *fe garantir* du danger *de croire trop ou trop peu,* à demeurer Pyrrhonien toute fa vie. Mais qu'avancera-t-il par ce Syftême auprès des autres, fi ce n'eft à faire plus de crédules & d'incrédules qu'il n'y en a.   Le Sot ou le Peuple ne fachant rien prouver, reftera toujours incrédule, ou ne pouvant pas diftinguer une preuve foible d'avec une forte, croira tout ce qu'on voudra lui faire accroire.   L'Homme-d'efprit, ami des fubtilités, en cherchera dans les chofes les plus fimples, pour les revoquer en doute; ou, trop efclave d'une vaine réputation, il y facrifiera la connoiffance de la Vérité, s'il craint qu'en examinant de trop près les Articles de fa Foi, il ne trouve pas fondés ceux qui font reçus dans fon parti.   Voilà déja deux grandes parties du Genre-Humain, à qui la Règle du *Scepti-que* devient inutile & quelquefois funefte. Refte la plus petite, qui pofant pour fondement des Vérités fuffifamment connues par les Sens, par l'expérience, par le témoignage des autres bien avéré, par le fentiment & le premier ufage de la Raifon, s'en fert pour avancer de plus-en-plus en connoiffance , par des conféquences

bien

XXXIV.

Un *Semi-Scepticisme* eſt la marque d'un eſprit foible: Il décéle un Raiſonneur puſillanime, qui ſe laiſſe effrayer par les conſéquences; un Superſtitieux, qui croit honorer ſon DIEU par les entraves où il met ſa Raiſon, une eſpèce d'Incrédule, qui craint de ſe démasquer à lui-même. Car ſi la Vérité n'a rien à perdre à

l'exa-

bien déduites & par des Règles que les
plus pures lumiéres de la Raifon ont établies; mais qui, fentant les bornes de fon
efprit, fe contente, pour les chofes humaines, de la plus grande probabilité,
lorfqu'il ne peut aller plus loin, & pour les
chofes divines, d'une entiére foûmiffion à
ce qu'il a plû à DIEU d'en révéler aux
Hommes, après s'être bien affûré qu'il ne
peut venir que de DIEU, & que ce qu'il
en peut connoître n'eft point contraire
aux lumiéres inconteftables de fa Raifon.
Par ces fages précautions, l'on fe garantira également, & beaucoup mieux que par
le *Scepticifme*, de la fotte crédulité des petits génies, & de la vaine incrédulité des
prétendus Efprits-forts.

XXXIV.

A quoi ferviroit-il de vouloir être *Scepti-*
que ne fût-ce qu'*à demi*, fi le *Scepticifme* parfait eft impraticable, inutile, ou funefte?
Mais, à l'aide du jufte milieu que l'on
vient d'indiquer, le Sage fe garantira encore des fuites de tout raifonnement qui
mène à des conféquences manifeftement
abfurdes, ou à la rejection de quelque vérité qu'il tiendra une fois pour bien démontrée, de toute Superftition qui met la
Religion en compromis avec la Raifon,

&

l'examen, comme en est convaincu le *Semi-Sceptique*, que pense-t-il au fond de son Ame de ces notions privilégiées qu'il appréhende de fonder, & qui sont placées dans un recoin de sa cervelle, comme dans un sanctuaire dont il n'ose approcher?

X X X V.

J'entens crier de toutes parts à l'impieté. Le Chrétien est impie en Asie, le Musulman en Europe, le Papiste à Londres, le Calviniste à Paris, le Janséniste au haut de la rue St. Jaques, le Moliniste au fond du Fauxbourg St. Médard. Qu'est-ce donc qu'un Impie? Tout le monde l'est-il ou personne?

XXXVI. Quand

& de toute illusion de l'Amour propre & des Passions, soit qu'elle favorise l'Incrédulité, ou qu'elle doive sa source aux préjugés de la naissance & de l'éducation. Par ce moyen il ne démentira jamais l'amour qu'il doit avoir pour la Vérité & pour la Vertu.

X X X V.

Deux Plaideurs en litige pour une somme d'argent que chacun croit lui appartenir, se traitent réciproquement d'injustes. Le font ils donc tous deux, ou ne le font-ils ni l'un ni l'autre? Le plus petit Logicien ajoûteroit, *Ou l'un d'eux*. Mais qui décidera cette question? Le Juge qu'ils ont choisi pour arbitre de leur différend. De même, s'élève-t-il entre le Juif, le Chrétien, le Musulman, le Déiste, quelque différend sur le culte à rendre à la même Divinité qu'ils adorent? S'ils se traitent à ce sujet réciproquement d'*Impies; font-ils donc tous impies, ou personne*? Ajoûtez (ce qui est plus vraisemblable), *Ou seulement quelques-uns d'eux*? Mais qui en jugera? La conscience éclairée, de chacun, pour soi-même: les principes de la Religion naturelle, soutenus d'une revelation bien constatée

XXXVI.

Quand les Dévots se déchaînent contre le Scepticisme, il me semble qu'ils entendent mal leur intérêt, ou qu'ils se contredisent. S'il est certain qu'un Culte vrai pour être embrassé, & qu'un faux Culte pour être abandonné, n'ont besoin que d'être bien connus; il seroit à souhaiter qu'un Doute universel se répandît sur la surface de la Terre, & que tous les Peuples voulussent bien mettre en question la vérité de leurs Religions: Nos Missionnaires trouveroient la bonne moitié de leur besogne faite.

XXXVII. Cé-

tatée pour les autres, & enfin le Souverain Arbitre de leur fort, qui leur a preferit affez clairement ce qu'ils avoient à faire pour le fervir, & qui connoîtra un jour s'il y a eu de la *Pieté* ou de l'*Impieté* dans leur obéiffance, pour les punir ou les récompenfer felon leurs œuvres, fans aucun égard au jugement qu'en aura porté le monde.

X X X V I.

Un Doute univerfel répandu fur la furface de la Terre! Quel fouhait! Quelle affreufe idée! Quel cahos! Où eft l'homme raifonnable qui ne fe récrie contre une telle fuppofition? Faifons-la pourtant, & voyons où elle nous menera. Suis-je un néant, ou quelque chofe de réel? Queftion extravagante, par où il faut cependant commencer, & fur laquelle je n'ai aucune folution que celle que m'en donne le fentiment. La Penfée eft-elle attachée à mon être, ou eft-ce un accident femblable à la fumée qui fort d'un corps? Rève-je au hazard ou fuis-je le maître d'interrompre mes penfées & de les porter ailleurs? J'aborde une Créature qui m'a toûjours paru de même efpèce que moi : Mais ne me trompe-je point? Je crois ouvrir la bouche pour lui parler, je crois articuler des fons;

Mais

Mais il faut douter qu'elle les entende. Je continue à lui adresser mon discours: Mais comment sais-je qu'elle attache aux mots que je prononce, le même son, le même sens, que moi? Et comment elle & moi pourrions-nous le savoir, avant de les avoir définis l'un après l'autre? Avons-nous eu un Maître commun & infaillible, qui nous ait démontré mathématiquement ce que c'est qu'un Nom, un Verbe, une Particule, & qui nous ait prouvé qu'il falloit les lier de telle & telle façon pour signifier quelque chose? Cette liaison faite, il en naît une proposition qui excite en lui & en moi quelques idées. Sont-ce les mêmes, ou sont-elles différentes? Pour s'en assûrer, tous les termes en doivent être de nouveau examinés; non, plus par les Règles de la Grammaire, mais par celles d'une Logique Naturelle, ou Artificielle. Qui les a établies, ces Règles? En convenons-nous, ou non? Quand nous en conviendrions, en seroit-il de même d'un tiers? Cette Proposition est liée avec une seconde; celle-ci avec une troisième, qui l'est avec une quatrième & cinquième, toutes également douteuses. Quelle Règle fournira le Doute Sceptique, pour les examiner dans l'ordre requis? Pour discerner celles qui doivent servir de principes,

d'avec

XXXVII.

Celui qui ne conserve pas par choix le culte qu'il a reçû par éducation, ne peut non plus se glorifier d'être Chrétien, ou Musulman, que de n'être point né aveugle, ou boiteux. C'est un bonheur, & non pas un mérite.   XXXVIII. Ce-

d'avec les conclusions? A quel caractère connoîtra-t-on celles que la Raison confirme, & celles qui sont l'effet des préjugés? Comment enfin former de tout cela un raisonnement qui soit aussi clair, avant de l'affirmer, qu'il est clair que 2 & 2 font 4? *Quelle tâche ne donne-t-on pas aux Dévots?* Cependant il faut agir, & agir à tout coup. Un Doute si peu raisonnable, quand il s'agit d'affaires civiles, le deviendra-t-il donc, dès qu'il s'agira de Religion? Et cette hypothèse extravagante, cessera-t-elle de l'être, dès qu'elle favorisera l'Incrédulité? Je ne le pense pas. Mais plutôt, si l'on a dit avec raison que *celui qui a bien commencé a fait la moitié de sa besogne*, l'on peut assûrer avec plus de raison, que celui qui commenceroit l'étude de la Religion, en *doutant de tout*, auroit double besogne a faire, ou plutôt n'en feroit aucune.

X X X V I I.

C'est effectivement *un bonheur, & non pas un mérite*, d'être né dans le Christianisme; Mais c'est un bonheur que le *Doute Sceptique* auroit bientôt enlevé, si on le laissoit faire; parce qu'il ne laisse aucun moyen de *conserver par choix* ce que cette Religion a de bon: Au lieu que *l'éducation*

qu'elle

XXXVIII.

Celui qui mourroit pour un culte dont il connoîtroit la fausseté, seroit un Enragé. Celui qui meurt pour un culte faux, mais qu'il croit vrai, ou pour un culte vrai, mais dont il n'a point de preuves, est un Fanatique. Le vrai Martyr est celui qui meurt pour un culte vrai, & dont la vérité lui est démontrée.

XXXIX. Le

qu'elle donne, eſt d'un grand ſecours pour aquerir tous les jours de nouvelles lumiéres ſur ce qu'elle propoſe.

XXXVIII.

C'eſt un caraĉtère bien équivoque de Vertu & d'Héroïſme, que celui qui ſe tire de la maniére dont l'on enviſage & l'on ſoufre la mort. Comme l'on voit tous les jours *les plus grands Brutaux* affronter la mort pour une bonne cauſe dans une guerre légitime, à qui l'on auroit tort de donner le tître de *Martyrs*; l'on en voit auſſi qui le font pour une mauvaiſe cauſe dans une guerre injuſte, reconnue telle, qui ne paſſent pas pour *Enragés*. Il en eſt à-peu-près de même en fait de Religion. Tel meurt pour *un culte faux* avec des ſentimens de Vertu, qui mériteroit d'être canoniſé, plutôt qu'un autre qui ſcelle de ſon ſang une Vérité *pour lui démontrée*; parce que dans ce dernier la Foi eſt deſtituée de Bonnes Oeuvres, ou parce qu'au moment de ſa mort il eſt rempli de haine contre ſes Juges, ou enfin parce que l'orgueil a beaucoup de part à ce ſacrifice de ſa vie. Ce n'eſt donc pas tant la mort que l'on ſoufre *pour un culte faux* ou *vrai, démontré* ou *non-démontré*, qui fait *l'Enragé, le Fanatique*, ou *le Martyr*: Mais c'eſt la

F 2

con-

XXXIX.

Le vrai Martyr attend la Mort.
L'Enthousiaste y court.

XL.

Celui qui se trouvant à *la Mecque*,
iroit insulter aux cendres de *Mahomet*, renverser ses autels & troubler
toute une Mosquée, se feroit empa-
ler à coup sûr, & ne seroit peut-être
pas canonisé. Ce zèle n'est plus à la
mode. *Polieucte* ne seroit de nos
jours qu'un Insensé.

XLI.

Le tems des Révélations, des Prodiges

conduite que l'on a tenue avant sa mort, les motifs qui portent à la soufrir, & les sentimens dont on est animé en la soufrant.

XXXIX.

Le cas & les circonstances où l'on se trouve, feront encore que le vrai Chré. tien doit quelquefois *courir à la mort*, d'autres fois *l'attendre*, d'autres fois la *fuir*. Le *Fanatique* en peut faire de même, sans que cela mette aucune différence entre eux. Dieu seul est juge du motif qui les fait agir.

X L.

Ces mêmes circonstances décident de ce que demande de nous la Prudence; à moins que l'on ne soit appellé à agir d'une façon extraordinaire par une Vocation expresse & bien marquée, où *le zèle de mode* & de passion n'entrent jamais pour rien. Le Martyre de *Polieucte*, & de tant d'autres, est trop incertaine ou trop équivoque pour nous servir de règle.

X L I.

Si *le tems des Révélations, des Miracles & des Missions extraordinaires, est passé*, c'est

F 3

parce

diges & des Miſſions extraordinai-res, eſt paſſé. Le Chriſtianisme n'a plus beſoin de cet échafaudage. Un homme qui s'aviſeroit de jouer parmi nous le rôle de *Jonas*, de courir les rues, en criant, „ Encore trois „ jours, & *Paris* ne ſera plus; *Pa-* „ *riſiens*, faites pénitence, couvrez-„ vous de ſacs & de cendres, ou „ dans trois jours vous périrez ”, ſeroit incontinent ſaiſi & traîné de-vant un Juge qui ne manqueroit pas de l'envoyer aux petites maiſons. Il auroit beau dire; „ Peuples, Dieu „ vous aime-t-il moins que le *Nini-* „ *vite?* Etes-vous moins coupables „ que lui ”? On ne s'amuſeroit point à lui répondre, & pour le traiter en Viſionnaire, on n'attendroit pas le terme de ſa prédiction.

Elie peut revenir de l'autre Mon-de, quand il voudra: Les Hommes ſont tels, qu'il fera de grands Mira-cles, s'il eſt bien accueilli dans ce-lui-ci.

XLII. Lors-

parce que les ombres ont ceſſé, que la lumiére de l'Evangile eſt apparue, & qu'elle n'a plus beſoin que d'elle-même pour ſe
faire jour dans l'eſprit & le cœur de tous
les Hommes qui y feront attention, &
qui (a) *voudront faire la volonté de notre Père céleſte.* Mais ſi l'Incrédulité, ou ſeulement le Doute Univerſel, prenoit le deſſus; ſi l'amour du Monde, la corruption
des mœurs, l'endurciſſement du cœur,
l'impieté des ſentimens, venoient de nouveau à offuſquer l'Entendement; de ſorte
que ceux qui voient ne viſſent plus, quoiqu'ils euſſent des yeux (b), que ceux qui
entendent n'entendiſſent plus, quoiqu'ils
euſſent des oreilles, & que leur eſprit ap-
péſanti ne comprît plus rien aux choſes
qui ſont de DIEU, & que chacun ſuivît
ſon mauvais train de vie, l'envoi & le cri
d'un *Jonas,* dans les plus grandes Villes,
ne ſeroient-ils pas bien placés, pourvû
qu'il ſe trouvât, au moins chez les Rois &
quelques-uns du peuple, des diſpoſitions
auſſi favorables que chez les *Ninivites?* Sans
cela, *Moïſe, Élie,* JESUS-CHRIST même pourroient revenir au Monde avec
tous leurs Miracles, & prêcher la Repen-
tance, ils ne convertiroient perſonne.

(a) Jean XII. 17.
(b) Matth. XIII. 13. 14. 15.

F 4

XLII.

XLII.

Lorsqu'on annonce au Peuple un Dogme qui contredit la Religion dominante, ou quelque Fait contraire à la tranquillité publique; justifiât-on sa mission par des Miracles, le Gouvernement a droit de sévir, & le Peuple de crier, *Crucifige*. Quel danger n'y auroit-il pas à abandonner les esprits aux séductions d'un Imposteur, ou aux réveries d'un Visionnaire? Si le sang de JESUS-CHRIST a crié vengeance contre les Juifs, c'est qu'en le répandant, ils fermoient l'oreille à la voix de *Moïse* & des Prophètes, qui le déclaroient le Messie. Un Ange vînt-il à descendre des Cieux, appuyât-il ses raisonnemens par des Miracles? s'il prêche contre la Loi de JESUS-CHRIST, *Paul* veut qu'on lui dise anathême. Ce n'est donc pas par les Miracles qu'il faut juger de la Mission d'un homme, mais c'est par la conformité de sa Doctrine avec celle du Peuple auquel

X L I I.

Ce n'eſt pas que des Miracles bien conſtatés, & reconnus pour vrais ſans difficulté ni équivoque, tels qu'ont été la plùpars
de ceux de *Moïſe* & de JESUS-CHRIST,
ne ſoient des preuves ſans replique de la
Miſſion Divine de celui qui les opére, &
de la vérité de ſa Doctrine, indépendamment du bon *accueil* qu'on eſt diſpoſé à leur
faire; parce qu'il n'eſt pas à préſumer, ou
plutôt il répugne à toute idée de droiture,
que le DIEU de Vérité, le Maître de la
Nature, qui ſeul a originairement le pouvoir d'en ſuſpendre les Loix par des Miracles, ait voulu faire part aux Hommes de
ce pouvoir, pour favoriſer l'Erreur &
l'Impoſture; quoique d'ailleurs ceux qui en
ſont revêtus, puiſſent manquer de quelques-unes des qualités qui font l'Homme
de bien. Auſſi ne peut-on aſſez s'étonner
que les Juifs, qui n'avoient ſuivi Moïſe
qu'à cauſe de ſes Miracles, ſans aucune attention à ſa Doctrine; qui avoient ſur ce
ſeul fondement quitté la ſervitude d'Egypte, & qui par là avoient été engagés à recevoir les Loix que ce Légiſlateur leur avoit données de la part de DIEU, nonſeulement n'en ayent pas uſé de même à
l'égard de JESUS-CHRIST, dont les Mi

ra-

quel il ſe dit envoyé, ſur-tout lorsque la Doctrine de ce Peuple eſt démontrée vraie.

XLIII. Tou-

racles furpaffent en nombre, en évidence,
& s'il fe peut, en grandeur ceux de Moï-
fe, mais de plus l'ayent rejetté & crucifié, comme un Profane & un Séducteur;
fur-tout, fi l'on fait attention que fa Doctrine ne touchoit point au Gouvernement,
qu'il évitoit tout ce qui pouvoit donner
atteinte à la tranquillité publique, & qu'un
des caractères du Meffie qu'ils attendoient
devoit être les Miracles mêmes qu'il opé-
reroit. Mais ce qui eft plus étonnant encore, c'eft que dans le fein du Chriftianifme, dans le fein de l'Eglife Catholique,
Apoftolique & Romaine, il fe trouve des
Philofophes, qui approuvent d'un côté la
conduite indigne qu'ont tenue les Chefs &
la Populace de cette Nation à l'égard de
ce Jesus, fous le feul prétexte qu'il fe
difoit le Christ, *le Fils de* Dieu,
quoiqu'il le prouvât évidemment par fes
Miracles; pendant que de l'autre ils les
condamnent de n'avoir pas reconnu le
Meffie dans fa perfonne, dont un des principaux traits étoit les Miracles que le Meffie devoit faire; qui de plus comparent les
enfeignemens de ce Sauveur, foutenus de
fes Miracles, *aux féductions d'un Impofteur,*
ou aux rêveries d'un Vifionnaire, & qui,
pour détruire la preuve démonftrative
qu'on tire des Miracles de Jesus, en fa-

F 6

veur

veur de fa Religion, n'ont point de honté de citer à faux un *Paul* Difciple de ce JE-SUS, en lui faifant dire ce qu'il n'a jamais dit, qu'un Ange defcendu du Ciel, qui prêcheroit contre la Loi de JESUS-CHRIST, *appuyât-il fes raifonnemens par des Miracles*, lui feroit anathême *: Et tout cela pour en conclurre, fans aucune autre preuve, cette Propofition infoutenable, *qu'il faut juger de la miffion d'un homme, non par fes Miracles*, qui, felon eux, ne fignifient rien, *mais par la conformité de fa Doctrine avec celle du Peuple auquel il fe dit envoyé.* Il ne manqueroit plus, pour rendre cette conclufion d'un ridicule complet, & digne de fon Auteur, que d'ajoûter, *&* *par des mœurs affortiffantes aux fiennes.* A-lors, il n'en faut pas douter, la Miffion d'un tel homme feroit agréable à ce Peuple, fans miracle. Mais eft-ce de quoi il s'agit? Sera-ce par cette conformité de Doctrine & de conduite, qu'il faudra juger fi le Miffionnaire eft un Impofteur ou un Envoyé de DIEU? Il n'y a que des I-diots, qui puiffent s'en laiffer impofer par des raifonnemens de cette forte. L'on ajoûte à ce beau raifonnement, dont il ne

faut

* Voyez *Galat.* I. 8.

faut rien rétrancher ; *Sur-tout lorsque la Doctrine de ce Peuple est démontrée vraie.* Mais qui est donc l'Extravagant, qui s'avise d'opposer à une Doctrine, *démontrée vraie*, des Miracles vrais ou faux? L'application qu'on en fait à ceux de JESUS-CHRIT, a-t-elle d'autre fondement que dans la cervelle de ces Philosophes? Comment d'ailleurs accorderont - ils le droit qu'ils donnent à un Gouverneur de *sévir*, & à une populace de *crier*, *Crucifige*, contre celui qui annonce un Dogme qui contredit la Religion dominante, *justifiât-il sa Mission par des Miracles*, comment, dis-je, accorderont-ils un tel droit avec le ridicule qu'ils jettent sur ceux qui usent d'invectives contre les *Athées* (*Art. XV.*) ; à moins qu'ils ne prouvent qu'il faut avoir plus d'indulgence pour les Athées, que les Juifs n'en ont dû avoir pour JESUS-CHRIST.

  XLIII. Les

XLIII.

Toute innovation eſt à craindre dans un Gouvernement. La plus ſainte & la plus douce des Religions, le Chriſtianiſme même, ne s'eſt pas affermi ſans cauſer quelques troubles. Les premiers enfans de l'Egliſe ſont ſortis plus d'une fois de la modération & de la patience qui leur étoient preſcrites. Qu'il me ſoit permis de rapporter ici quelques Fragmens d'un *Edit* de l'Empereur JULIEN. Ils caractériſeront à merveille le génie de ce Prince Philoſophe, & l'humeur des zélés de ſon tems.

„ J'avois imaginé (*dit Julien*) que
„ les Chefs des *Galiléens* ſentiroient
„ combien mes procédés ſont diffé-
„ rens de ceux de mon Prédéceſſeur,
„ & qu'ils m'en ſauroient quelque
„ gré. Ils ont ſoufert ſous ſon règne
„ l'exil & les priſons; & l'on a paſſé
„ au fil de l'épée une multitude de
„ ceux qu'ils appellent entr'eux Hé-
„ rétiques...... Sous le mien, on
„ a

XLIII.

Les Philosophes qui attaquent la Religion Chrétienne, pour établir sur ses ruïnes, s'il étoit possible, la Religion Naturelle, s'y prennent de deux différentes maniéres. Les uns, par une espèce d'Ironie qui lui fait honneur, la font *aussi ancienne que le Monde* *, parce que ce qu'elle a, selon eux, d'essentiel & de meilleur, est tiré de la Religion Naturelle toute pure: D'où ils concluent qu'elle est inutile, parce que ce que l'on y a ajoûté, n'est que Superstition & Fanatisme. Les autres la chargent d'*innovation* dangereuse, plus propre à causer des troubles dans le Monde, qu'à y établir une véritable Pieté. C'est ce dernier reproche que faisoit déja aux Chrétiens de son tems l'Empereur Julien, surnommé *l'Apostat*, & que font encore à quelques Sectes d'entre les Chrétiens les Princes qui n'en veulent soufrir d'autre dans leurs Etats que celle dont ils font profession.

Ce seroit assûrément mal servir la Religion Chrétienne, & mal répondre aux atta-

* TINDAL: *Christianity as old as* THE CREATION, c'est-à-dire, *le Christianisme aussi ancien que la création.*

„ a rappellé les Exilés, élargi les Pri-
„ sonniers, & rétabli les Proscrits
„ dans la possession de leurs biens.
„ Mais telle est l'inquiétude & la fu-
„ reur de cette espèce d'hommes,
„ que, depuis qu'ils ont perdu le pri-
„ vilège de se dévorer les uns les au-
„ tres, de tourmenter & ceux qui
„ sont attachés à leurs Dogmes, &
„ ceux qui suivent la Religion autori-
„ sée par les Loix, ils n'épargnent
„ aucun moyen, ne laissent échapper
„ aucune occasion, d'exciter des re-
„ voltes, gens sans égard pour la
„ vraie pieté, & sans respect pour
„ nos Constitutions. . . . . . . Tou-
„ tefois nous n'entendons pas qu'on
„ les traîne aux pieds de nos Autels,
„ & qu'on leur fasse violence. . . . . .
„ Quant au menu-peuple, il paroît
„ que ce sont ses Chefs, qui fomen-
„ tent en lui l'esprit de sédition, fu-
„ rieux qu'ils sont des bornes que
„ nous avons mises à leurs pouvoirs:
„ Car nous les avons bannis de nos
„ Tribunaux, & ils n'ont plus la
„ com-

taques de ſes Ennemis, que de chercher à
excuſer tout ce qu'ont fait les Bigots, les
Fanatiques, les Zélés & les Eſprits brouil-
lons, ſous prétexte de la défendre ; comme ce ſeroit auſſi lui faire tort, que d'imputer à la Religion Chrétienne les vices &
les excès de ſes Sectateurs. Elle les condamne, & les reprend, quoiqu'elle ne les
corrige pas toûjours. La meilleure & l'u-
nique replique de poids qu'on puiſſe donc
faire à ces accuſations, c'eſt de repréſen-
ter la Religion Chrétienne telle qu'elle eſt
dans toute ſa pureté, ſans aucun mélange
de Dogme, de Culte, de Pratique, ou de
Précepte, qui ne ſe trouve en termes for-
mels dans les Ecrits Sacrés qu'elle prend
pour la Règle de ſa Foi & de ſes Mœurs,
ou qui n'en ſoit tiré par des conſéquences
d'une évidence reconnue par toute perſonne de bon ſens. Mais pour mettre cette
expoſition toute ſimple au deſſus de tout
ſoupçon de fauſſeté ou de ſupercherie, ne
ſeroit-il pas encore de toute équité, qu'il
y eût de part & d'autre une entiére Liberté
de dire ce qu'on penſe en matière de Religion, ſans aucune réſerve ni déguiſe-
ment, ſauf au Gouvernement Civil de
prendre les précautions qu'exigent la Prudence & la Juſtice, pour aſſûrer la tranquillité publique contre les Séducteurs &

les

,, commodité de difposer des Tefta-
,, mens, de fupplanter les Héritiers
,, légitimes, & de s'emparer des fuc-
,, ceffions. . . . . C'eft pourquoi nous
,, défendons à ce Peuple de s'affem-
,, bler en tumulte & de cabaler chez
,, fes Prêtres féditieux. . . . . . Que
,, cet Edit faffe la fûreté de nos Ma-
,, giftrats que les Mutins ont infulté
,, plus d'une fois, & mis en danger
,, d'être lapidés. . . . . . Qu'ils fe ren-
,, dent paifiblement chez leurs Chefs,
,, qu'ils y prient, qu'ils s'y inftrui-
,, fent, & qu'ils y fatisfaffent au Cul-
,, te qu'ils en ont reçu; Nous le leur
,, permettons: Mais qu'ils renoncent
,, à tout deffein factieux. Si ces Af-
,, femblées font pour eux une occa-
,, fion de révolte, ce fera à leurs ris-
,, ques & fortunes: Je les en aver-
,, tis. . . . . . Peuples incrédules, vi-
,, vez en paix. . . . . Et vous qui
,, êtes demeurés fidèles à la Religion
,, de votre Païs & aux Dieux de vos
,, Pères, ne perfécutez point des
,, Voifins, des Concitoiens, dont
,, l'igno-

les Impofteurs ? Ne feroit-il pas en particulier bien digne de tout Prince Chrétien , qu'à l'exemple de *Julien*, qui mérite au moins d'être imité en cela, l'on ne trainât, par fes ordres, aucune perfonne *aux pieds des Autels*, que l'on ne fît violence à perfonne, parce que *c'eft par la Raifon, & non par la violence, qu'il faut ramener les Hommes à la Vérité*; mais qu'en défendant au Peuple *tout deffein factieux, toute Affemblée tumultueufe, toute cabale chez des Prêtres féditieux*, on lui permît de *fe rendre paifiblement chez leurs Chefs*, pour y prier, pour s'y inftruire & *fatisfaire au Culte* qu'ils croyent le plus agréable à DIEU; qu'il fût enjoint aux Incrédules de *vivre en paix* avec les Membres de l'Eglife dominante, de *ne perfécuter point des Voifins & des Concitoiens, dont l'ignorance eft encore plus à plaindre que la méchanceté n'eft à blâmer*, & enfin à *tous leurs fidèles Sujets de laiffer en repos les Galiléens*, ou les Sectaires ? Qui doute, fi ces fages maximes étoient obfervées par-tout, & cette raifonnable Liberté accordée à tous les Hommes; qui doute, dis-je, que la Vérité ne triomphât enfin de l'Erreur; & le pur Evangile, des fuperftitions, des traditions, des fauffes interprétations, & de l'Incrédulité, qui n'ont encore que trop la vogue ?   XLIV. Se-

„ l'ignorance eſt encore plus à plain-
„ dre que la méchanceté. . . . . C'eſt
„ par la Raiſon, & non par la vio-
„ lence, qu'il faut ramener les Hom-
„ mes à la Vérité. Nous vous en-
„ joignons donc à vous tous nos fi-
„ dèles Sujets, de laiſſer en repos les
„ *Galiléens* ”.

Tels étoient les ſentimens de ce Prince, à qui l'on peut reprocher le Paganiſme, mais non l'apoſtaſie. Il paſſa les premiéres années de ſa vie ſous différens Maîtres & dans différentes Ecôles, & fit dans un âge plus avancé un choix infortuné: Il ſe décida malheureuſement pour le Culte de ſes Ayeux & les Dieux de ſon Païs.

X L I V.

Une choſe qui m'étonne, c'eſt que les Ouvrages de ce ſavant Empereur ſoient parvenus juſqu'à nous. Ils contiennent des traits qui ne nuiſent point à la vérité du Chriſtianiſme, mais qui ſont aſſez deſavantageux à
quel-

X L I V.

Selon ce principe, on ne peut que con-
damner hautement l'attention singuliére
que l'on impute aux Pères de l'Eglise, de
supprimer les Ouvrages de leurs Ennemis.
Car, ou ils ne contenoient que des fausse-
tés contre la Religion, que ses Défenseurs
auroient dû refuter par l'exposition toute
sim-

quelques Chrétiens de ſon tems, pour qu'ils ſe ſentiſſent de l'attention ſinguliére que les Pères de l'Egliſe ont eu de ſupprimer les Ouvrages de leurs Ennemis. C'eſt apparemment de ces Prédéceſſeurs que St. GRE'GOIRE *le Grand* avoit hérité du zèle barbare qui l'anima contre les Lettres & les Arts. S'il n'eût tenu qu'à ce Pontife, nous ſerions dans le cas des Mahométans, qui en ſont réduits pour toute lecture à celle de leur Alcoran. Car quel eût été le ſort des anciens Ecrivains entre les mains d'un homme qui ſoléciſoit par principe de Religion ; qui s'imaginoit qu'obſerver les Règles de la Grammaire, c'étoit ſoumettre JESUS-CHRIST à *Donat*, & qui ſe crut obligé en conſcience de combler les ruïnes de l'Antiquité?

XLV.

simple de la Vérité, plutôt que de les fup-
primer ; ou ils contenoient des traits avérés, défavantageux à la Religion, ou à
fon Auteur, ou à quelques-uns de fes Difciples, qu'il importoit de cacher au peuple. Mais il n'y a aucune apparence qu'il
y en ait eu-de tels, divulgués contre la
Religion, ou contre fon Auteur. Ce qui
le prouve, c'eft que *Julien*, fi verfé dans
tout ce qui s'étoit dit à ce fujet, ne pouvoit les ignorer ; les fachant, il lui importoit extrémement de les publier, pour juftifier le parti qu'il avoit pris. Il a eu la
plus belle occafion de le faire dans fes
Ouvrages. Ils fubfiftent encore, & ils
n'en font aucune mention. Concluons de-
là hardiment que c'eft une pure fuppofition. Si c'eft feulement contre quelques
Chrétiens que l'on eût déclamé dans ces
Ouvrages, la Religion & l'Eglife n'y é-
toient pas affez intéreffées pour que les
Pères dûffent jamais commettre l'attentat
qu'on leur impute, qui réjailliffoit fur tout
le Corps. Mais, pour couper court,
quelles preuves allégue-t-on de cette fup-
preffion ? Pas la moindre. Quels Ouvrages ont été fupprimés ? Par qui ? En quel
lieu ? Comment ? A tout cela point de ré-
ponfe ; fi ce n'eft qu'on a appris, par la
tradition d'un feul Auteur fujet à cau-

tion

X L V.

Cependant la Divinité des ECRI-
TU-

tion *, que le Pape Gregoire I., dit *le Grand*, avoit fait brûler une infinité de Livres Payens, & que *c'eſt* apparemment *de ſes Prédécéſſeurs qu'il avoit hérité de ce Zèle barbare.* Eſt-il permis à gens qui ſe diſent Philoſophes, d'avancer une Propoſition auſſi injurieuſe que celle-là aux Défenſeurs de la Religion, ſur un auſſi foible fondement que l'eſt un ſimple *apparemment*? pendant qu'il leur faut des *démonſtrations mathématiques* pour tout ce qui ſe dit en faveur de cette Religion. N'eſt-ce pas décéler une partialité honteuſe? Quant au Pape Gregoire, les faits ne ſont pas aſſez avérés, pour pouvoir ſervir de preuves contre lui. Seulement paroit-il par quelques endroits de ſes Oeuvres, qu'il mépriſoit l'étude de l'Antiquité Profane, & qu'il n'oublioit rien pour inſpirer à tous les Chrétiens le même mépris : En quoi, s'il a outré les choſes, comme il faut le reconnoître de bonne foi, quoiqu'en diſent ſes Panégyriſtes, la Religion Chrétienne n'en eſt ni plus ni moins à l'abri des coups que cherchent à lui porter ſes Adverſaires.

* Voyez l'Article de *Gregoire I.* dans le Dictionaire Hiſtorique & Critique de Bayle, Note M.

X L V.

L'on ſe ſert à la vérité avec avantage

du

TURES n'eſt point un caractère ſi clairement empreint en elles, que l'autorité des Hiſtoriens Sacrés ſoit abſolument indépendante du Témoignage des Auteurs Profanes. Où en ſerions-nous, s'il falloit reconnoître *le doigt de* DIEU dans la forme de notre BIBLE ? Combien la *Verſion Latine* n'eſt-elle pas miſérable ? Les Originaux même ne ſont pas des chefs-d'œuvres de compoſition. Les *Prophètes*, les *Apôtres* & les *Evangeliſtes*, ont écrit, comme ils y entendoient. S'il nous étoit permis de regarder l'Hiſtoire du Peuple Hébreu, comme une ſimple production de l'Eſprit Humain, MOÏSE, & ſes Continuateurs, ne l'emporteroient pas ſur *Tite-Live*, *Salluſte*, *Céſar* & *Joſeph*, tous gens qu'on ne ſoupçonne pas aſſûrément d'avoir écrit par inſpiration. Ne préfére-t-on pas même le Jéſuite *Berruyer* à MOÏSE? On conſerve dans nos Egliſes des tableaux qu'on nous aſſure avoir été peints par des Anges & par la Divinité

du témoignage des Auteurs Profanes pour confirmer quelques-uns des Faits de l'Histoire Sacrée, sur-tout quand on a à faire à gens qui par préjugé préférent *Tite-Live* & *Berruyer* à Moise & à St. Jean. L'on a là-deffus d'excellens Ouvrages Anglois, & entre autres ceux de *Lardner* * & *d'Addiffon* †, &c. Mais où en serions-nous, fi nous n'avions d'autres preuves de la Divinité de nos Ecritures, que celles que l'on emprunte de ces fecours étrangers? Ce n'eft pas dans leur *forme* extérieure, où il ne paroît rien que d'humain aux yeux de la chair, mais dans les chofes qu'elles contiennent, que nous la faifons principalement confifter. Cependant ces preuves externes ne nous manquent pas au befoin. Que l'on compare feulement le ftile de l'Apôtre St. Jean, Pêcheur de profeffion, avec ce que pourroient faire *tous* les Pêcheurs d'aujourd'hui: Pourra-t-on dire de bonne-foi que le premier n'a écrit que *comme il y entendoit*, c'eft-à-dire, fuivant le fens qu'on attache à ces termes, comme auroit pu faire un fimple Pêcheur? Que l'on compare en-

---

* *La credibilité de l'Hiftoire de l'Evangile* &c. 6 Vol. 8.

† *de la Religion Chrétienne*, à la fin du 4me. Vol de fes Oeuvres in 4.

nité même. Si ces morceaux étoient
fortis de la main de *Le Sueur*, ou de
Le Brun, que pourrois-je oppofer à
cette tradition immémoriale ? Rien
du tout, peut-être. Mais, quand
j'obferve ces céleftes ouvrages, &
que je vois à chaque pas les Règles de
la Peinture violées dans le deffein &
dans l'exécution; le vrai de l'Art a-
bandonné par-tout, ne pouvant fuppofer que l'Ouvrier étoit un Ignorant, il faut bien que j'accufe la tradition d'être fabuleufe. Quelle application ne ferois-je point de ces tableaux
aux SAINTES ECRITURES, fi je ne fa-
vois combien il importe peu que ce
qu'elles contiennent foit bien ou mal
dit. Les *Prophètes* fe font piqués de
dire vrai, & non pas de bien dire.
Les *Apôtres* font-ils morts pour autre
chofe que pour la vérité de ce qu'ils
ont dit ou écrit? Or pour en revenir
au point que je traite, de quelle conféquence n'étoit-il pas de conferver
des Auteurs Profanes, qui ne pouvoient manquer de s'accorder avec

les

encore Moise, élevé à la Cour de Pharaon dans l'Art de parler le plus élégant, pour le fiècle d'alors, *(a) puiffant en paroles* auffi-bien qu'*en œuvres*; que l'on compare, dis-je, fon Hiftoire Originale avec la même Hiftoire embellie du Jéfuite *Berruyer*, & l'on verra du premier coup d'œil lequel des deux s'entend le mieux à parler fans artifice, d'une maniére conforme aux mœurs de ce tems-là, & à faire parler Dieu comme il convient à la Majefté Divine; lequel des deux, ou du fimple Narrateur, ou de l'Amplificateur empoulé, fent plus l'Infpiré, l'Hiftorien véritable, ou le Romanefque.

Demande-t-on des Auteurs Profanes, qui s'accordent fur quelques Faits importans avec les Auteurs Sacrés, nous en avons plufieurs, Tacite, Suetone, Celse, Lucien, conviennent de l'exiftence & de la mort de Jesus-Christ fous l'empire de *Tibère*. Tacite en particulier dit*, qu'il fut condamné au fupplice par Ponce Pilate Gouverneur de Judée. Julien, dont St. *Cyrille* d'Alexandrie rapporte les propres paroles, reconnoît la renommée que s'étoit acquife ce
même

(*a*) Act. VII. 21.
* *Annal.* L. XV. C. 44.

les Auteurs Sacrés, au moins sûr l'Existence & les Miracles de JESUS-CHRIST, sur les qualités & le caractère de *Ponce Pilate*, & sur les actions & le martyre des premiers Chrétiens.

XLVI. Un

même JESUS par quelques-uns de ses Miracles. PORPHYRE & HIEROCLES, au rapport d'EUSEBE DE CESARE'E, ont avoué les miracles operés par JESUS-CHRIST. Le premier objecte même aux Chrétiens que depuis que JESUS est adoré, *Esculape* & les autres Divinités n'habitent plus avec les hommes. J'ajouterois encore sur le même sujet le témoignage de deux Illustres Payens, mais convertis au Christianisme, si cette dernière qualité ne les rendoit pas suspects contre toute raison, à nos Incredules : C'est QUADRATUS & ARISTIDE Atheniens, qui après leur conversion présenterent des Apologies pour les Chrétiens à l'Empereur ADRIEN, environ 60. ans après la mort de JESUS CHRIST, qui subsistoient encore du tems d'EUSEBE DE CESARE'E & de St. JEROME. Cependant le fragment qu'en rapporte le premier de ces Auteurs est si judicieux & si formel, qu'il porte avec lui sa demonstration, de quelque source qu'on le tire: Le voici tel qu'il se lit au L. IV. C. III. de son Histoire. *L'on ne sauroit*, dit-il, *douter de la verité des miracles de* JESUS CHRIST: *puisque l'on avoit vû les personnes qu'il avoit guéries & ressuscitées, non-seulement dans le tems qu'il faisoit ces miracles, ou pendant qu'il avoit été sur la terre,*

mais

XLVI.

Un Peuple entier (*me direz-vous*) eft témoin de ce Fait : Oferez-vous le nier? Oui, j'oferai, tant qu'il ne me fera pas confirmé par l'autorité de quelqu'un qui ne foit pas de votre parti, & que j'ignorerai que ce quelqu'un étoit incapable de fanatisme

&

mais auſſi longtems après ſa mort : en ſorte qu'il y en a pluſieurs qui étoient encore en vie de notre tems. Divers Auteurs Eccléſiaſtiques, non-ſuſpects & non-intéréſſés dans le Fait, font mention *des qualités & du caractère de Ponce Pilate*. Tacite encore, & ſur-tout Pline *le Jeune*, parlent du culte, *des Actions, & du martyre des premiers Chrétiens* &c. De plus, l'on n'en cite aucun d'entre ceux même qui ont écrit avec le plus de violence contre la Religion Chrétienne, qui contrediſe formellement ces Faits. Que pourroit-on attendre de plus des Ennemis du Nom Chrétien ? Voudroit-on encore des Auteurs, Juifs ou Gentils, qui s'accordaſſent en tout avec les Auteurs Sacrés, & qui euſſent perſiſté, malgré cet accord, dans leur premiére Religion ? C'eſt ſuppoſer un aſſemblage monſtrueux, & peut-être impoſſible.

X L V I.

N'eſt-ce pas cependant faire une telle ſuppoſition, que de demander pour la démonſtration de la vérité de la Religion Chrétienne, ou d'un Fait ſur lequel elle eſt toute fondée, qu'il ſoit confirmé par l'autorité de quelqu'un qui ne ſoit pas de ce parti, & qui ne ſoit ni Fou, ni Séducteur ? Mais, au défaut de Témoignages é-

trangers

& de séduction. Il y a plus. Qu'un Auteur d'une impartialité avouée, me raconte qu'un goufre s'est ouvert au-milieu d'une Ville; que les Dieux, consultés sur cet événement, ont répondu qu'il se refermera, si l'on y jette ce que l'on possede de plus précieux; qu'un brave Chevalier s'y est précipité, & que l'Oracle s'est accompli; je le croirai beaucoup moins que s'il eût dit simplement qu'un goufre s'étant ouvert, on employa un tems & des travaux considérables pour le combler. Moins un Fait a de vraisemblance, plus le témoignage de l'Histoire perd de son poids. Je croirois sans peine un seul honnête homme, qui m'annonceroit que *Sa Majesté vient de remporter une victoire complette* sur les Alliés : Mais tout Paris m'assûreroit qu'un Mort vient de ressusciter à Passy, que je n'en croirois rien. Qu'un Historien nous en impose, ou que tout un Peuple se trompe; ce ne sont pas des prodiges.

XLVII. Tar-

trangers ſur les principaux Faits de l'HIS
TOIRE EVANGELIQUE, nous en avons
de bien plus valides, non - ſeulement d'un
Peuple entier, mais de pluſieurs Peuples.
JESUS-CHRIST a-t-il exiſté & vécu dans le
tems que le rapportent ſes Diſciples ?
C'eſt de quoi l'on convient dans toutes les
Religions, & chez tous les Peuples qui
ont ouï parler du Chriſtianiſme, parce
qu'on ne ſauroit le nier avec le moindre
fondement. S'eſt-il dit *le Meſſie, l'Envo*
yé, le Verbe de DIEU, *le Prophète?* Eſt-il
né d'une Vierge par la ſeule Puiſſance de
DIEU? A-t-il *prêché & fait des Miracles?*
Les Mahométans & les Chrétiens en conviennent unanimément; les Juifs en partie, & ſur-tout *Joſeph*, un de leurs Hiſtoriens, dans un Paſſage qui a tout l'air authentique. Eſt-il *mort d'une maniére ignomi*
nieuſe? Les Mahométans le nient, ſous
prétexte de lui faire plus d'honneur, & ſe
contentent de dire qu'après ſa mort il fut
enlevé au Ciel. Les Juifs témoignent aſſez ce qu'ils en penſent, quand ils l'appellent *pendu*, ſes Diſciples *les Serviteurs du*
pendu. Tous les Chrétiens, en quelque
lieu & de quelque Secte qu'ils ſoient, s'en
font gloire. Eſt-il *reſſuſcité des Morts, &*
monté au Ciel après ſa mort? Les Apôtres
l'ont atteſté d'abord après l'événement.

G 6

Ses

Ses Diſciples en grand nombre l'ont publié & certifié. Les premiers à qui on l'annonça en plus grand nombre, en furent perſuadés. Tous les Chrétiens en font profeſſion. C'eſt le fondement de leur Foi en JESUS-CHRIST, auſſi-bien que de leur eſpérance. Les Ennemis de la Religion n'oppoſent rien de raiſonnable à ce Fait; & la Narration qui nous en reſte, eſt accompagnée de toutes les circonſtances & de tous les dégrés de *crédibilité* qu'on peut exiger d'un témoignage de cette nature. Les Témoins ſont en grand nombre: Ils dépoſent ce qu'ils ont vû de leurs yeux: Ils en prennent à garans l'Eſprit de DIEU, qui s'eſt manifeſté par des Dons ſurnaturels: Ils ſe vantent d'avoir part à ces Dons: Ils en donnent des preuves parlantes: Ils atteſtent ce Fait dans le lieu même où il s'eſt paſſé, & d'abord après s'en être pleinement aſſûrés: Ils en informent tout le monde de la façon la plus ſolennelle: Tous ces Témoins ſont d'une probité reconnue, du moins ne leur reproche-t-on rien de contraire aux bonnes mœurs. Ils n'avoient aucun intérêt temporel à rendre ce témoignage; beaucoup moins, à en rendre un faux. Ce qu'ils en recitent eſt même oppoſé aux préjugés dont ils étoient imbus. Leur Religion

con-

condamne le faux témoignage, comme un des plus grands crimes, & ils ne pouvoient s'en rendre coupables sans étoufer tout sentiment de Conscience. Ils s'exposent aux plus grands dangers pour soûtenir la Vérité de ce qu'ils prêchent. Enfin toute leur conduite connue prouve qu'ils n'étoient, ni rusés, ni stupides, ni fous, ni Fanatiques, ni imposteurs. Que veut-on de plus pour rendre leur Témoignage de toute validité?

,, Mais (*dira l'Incrédule*) le Fait n'a au-
,, cune vraisemblance. C'est un Mort res-
,, suscité. Dès-là je n'en veux rien croi-
,, re; me fût-il attesté par un Auteur d'u-
,, ne impartialité avouée. Rien n'est plus
,, ordinaire que de voir des Historiens de
,, ce caractère nous en imposer, & tout
,, un Peuple se tromper sur leur recit. ''
Un mort ressuscité est effectivement hors de toute vraisemblance, si l'on n'y considère qu'un pouvoir humain & des vûes mondaines. Les Imposteurs & Fanatiques de nos jours, qui s'étoient flattés d'en imposer jusques-là à leurs Sectateurs, en ont été les premieres dupes, & n'ont jamais entrainé dans leur erreur qu'un petit nombre d'entêtés. Mais si l'on considère qu'il s'agit ici de la Puissance de DIEU, à qui la Résurrection n'est nullement impos-

G 7

sible,

fible, & d'un Fait où la Sageſſe & ſa Juſtice ſont infiniment intereſſées, puiſqu'il
s'agit d'une perſonne ſuppliciée pour s'ê-
tre dite *le Prophète*, *l'Envoyé* & *le Fils de*
DIEU. Autant que le Fait mérite par lúi-
méme un examen attentif des Amis & des
Ennemis, pour s'aſſûrer de ſa vérité ou
de ſa ſuppoſition; autant qu'il importe que
tout le monde, Amis & Ennemis, en fuſ-
ſent bien informés; autant le témoignage
conſtant des premiers, ſoûtenu de tout ce
qui peut lui faire donner créance, & le ſilence ou les ſubterfuges des derniers, doi-
vent-ils avoir de force pour rendre le Fait
vraiſemblable, & le mettre au deſſus de
tout doute raiſonnable.

„ Mais (*repliquera l'Incrédule*), s'il im-
„ portoit ſi fort que le Fait fût bien dé-
„ montré, pourquoi cette reſurrection ne
„ s'eſt-elle pas faite publiquement? Pour-
„ quoi JESUS-CHRIST n'a-t il pas paru
„ reſſuſcité aux yeux de ſes Juges même
„ & de tout le peuple qui avoit demandé
„ ſa mort? Pourquoi n'eſt-il pas rentré
„ dans le commerce des Vivans, comme
„ pendant le cours de ſon Miniſtère?
„ Pourquoi cette reſurrection n'eſt-elle
„ atteſtée que par ſes Amis, ou ſes Diſ-
„ ciples, toûjours ſuſpects? Pourquoi &
„ pourquoi….. " Car il n'y a point de

fin

fin à de semblables questions, qui dans le fond n'ont rien de concluant, & n'invalident point le témoignage rendu. La Sagesse de Dieu a pu avoir de très-fortes raisons, à nous inconnues, pour ne pas rendre la résurrection de Jesus-Christ plus solennelle. Nous pouvons même en présumer quelques-unes de très-probables, qui ont d'autant plus de poids contre les Incrédules & les Déistes, que leur Objection tire toute sa force des raisons de convenance pour la gloire de Dieu & l'utilité du Genre-Humain, que l'on doit supposer être infiniment mieux connues de Dieu que de nous. D'ailleurs, quand même le Fait auroit été revêtu de toute l'évidence que les circonstances pouvoient le permettre, en seroient-ils mieux disposés à le croire, puisqu'ils ne croient pas même ce que Jesus-Christ a fait aux yeux de tout un Peuple, quoiqu'appuié du témoignage de ses Ennemis même? Outre que, si ces Ennemis avoient attesté sa résurrection & toutes ses suites, sans se déclarer ouvertement contre la Religion qui en fait un de ses Points capitaux, ils auroient aussi-tôt passé dans l'esprit des Incrédules pour des Amis suspects, auxquels il ne faut ajoûter aucune foi. Tant il est vrai que c'est bien moins la Vérité qu'ils

cher-

cherchent, qu'à s'affermir dans le Doute, pour être plus libres dans leurs fentimens, & peut-être auffi dans leur conduite.

L'on pourroit encore répondre plus directement à l'Objection contenue dans ce Paragraphe, par une efpèce d'Argument *ad hominem*, en fe fervant de la Règle pofée par l'Auteur lui-même dans l'Article XXXI. Tout un Peuple m'affûre avoir vû reffufciter un Mort. Pourquoi déciderois-je d'abord que tout un Peuple fe trompe, & que ce Fait eft faux ? „ Parce, (*dit-on*) „ qu'il eft arrivé plus d'une fois à tout un „ Peuple de fe tromper, & qu'il n'eft ja- „ mais arrivé à un Mort de reffufciter. " Nouvelle décifion trop précipitée. Qu'en favons-nous ? Une perfonne raifonnable refteroit du moins en fufpens. Qu'il foit vrai, je le veux, que cette refurrection, fi elle étoit réelle, fût la premiére, s'enfuit-il qu'elle ne fauroit l'être ? Il faudroit pour cela avoir prouvé qu'il ne fe fait rien de nouveau dans lé Monde, Ainfi Ty-cho-Brahe', le Prince GUILLAUME de *Heffe*, & tous les Aftronomes du XVI. Siècle, ont eu beau nous affûrer l'apparition d'une Etoile extraordinaire dans la Conftellation de *Caffiopée*, & remplir toute l'Europe de leurs Obfervations & de leurs Livres à fon occafion, nous aimerons
mieux

mieux croire qu'ils se sont tous trompés, que de recevoir un Fait aussi étrange dans la Nature.

„ Non (*dit un troisième*): Ce n'est point
„ parce qu'un Fait est sans exemple, que
„ je ne le crois pas, mais parce qu'il est
„ entiérement hors de l'ordre naturel des
„ choses, & parce qu'il n'est assûrément
„ aucune Puissance dans le Monde en é-
„ tat de le produire. C'est ma Règle sur
„ cette matiére, & je la trouve d'un usa-
„ ge admirable pour décider de tous les
„ Contes & Récits que j'entens tous les
„ jours de la bouche de gens, qui, sans
„ elle, m'auroient déja trompé mille fois.
„ L'Auteur de la Nature pourroit, il est
„ vrai, donner lieu à une resurrection par
„ un effet ou un acte immédiat de sa Puis-
„ sance: Mais c'est ce que je me persua-
„ derois encore moins qu'il voulût jamais
„ faire. Cet Etre sage ayant dès le com-
„ mencement formé ses plans, & disposé
„ toutes ses Oeuvres, & tous les événe-
„ mens, à y concourir réguliérement,
„ dérangeroit-il lui-même son propre ou-
„ vrage? Seroit-il, comme nous, sujet à
„ changer de dessein? Pourroit-il arriver
„ dans la Nature quelque chose d'impré-
„ vû & d'extraordinaire, qui l'obligeât à
„ y mettre lui-même la main par son con-

cours

,, cours miraculeux? Cette idée répugne
,, à celle de la Toute-science Divine, &
,, à celle de la liaison naturelle des choses,
,, des objets & des événemens, des Cau-
,, ses & des Effets, qui sont dans l'Uni-
,, vers. ''

Quelque spécieux que me paroissent
tous ces raisonnemens, le *doute* avec lequel l'Auteur des PENSE'ES PHILOSO-
PHIQUES veut qu'on procéde, m'empêche d'y acquiescer pleinement. Une chose
entr'autres m'embarrasse. J'ignore si le
Créateur, dans la formation & la disposition de ses ouvrages, n'a eu que des *fins*,
pour ainsi dire, *physiques*, telles que la
conservation, la multiplication, & le bien-
être physique de ses Créatures : Je doute
s'il n'auroit point eu de plus, quelque *vûe
morale*, quelque intention de se manifester
un jour d'une façon particuliére, de se faire connoître, lui & ses attributs, ses plans,
ses ordres, d'une maniére expresse. Si
cela étoit, si de plus, ce Monde sensible
n'étoit pas le seul ouvrage du Créateur;
s'il en étoit un autre composé d'Intelligen-
ces, auquel nous dûssions prendre part un
jour; s'il étoit une Oeconomie morale su-
périeure à celle de ce Monde corporel : Je
doute encore si le Créateur n'auroit point
fait entrer dans ses plans la manifestation
de

de cet autre Monde; Je doute, dis-je,
s'il n'auroit pas convenu qu'il fît un jour
connoître aux Hommes tous ces grands
objets par des voies éclatantes, & auxquelles on pût reconnoître l'indépendance
& l'autorité suprême du Maître de la Nature. Si tout cela peut être; si des Réla-
tions Hiftoriques, revêtues de tous les caractères qui aſſûrent le mieux la vérité des
Faits ordinaires & naturels, m'en annon-
çoient de Miraculeux, mais accompagnés
de circonſtances qui manifeſteroient des
vûes telles que nous venons de les ſuppoſer; il me paroîtroit alors auſſi ridicule de
les révoquer en doute; que de recevoir a-
veuglément tous les prétendus Faits Miraculeux, mais dénués de circonſtances pa-
reilles, que l'on débite tous les jours.
C'eſt alors précisément qu'on pourra dire,
avec l'Auteur, que l'*Homme d'eſprit croira*,
tandis-que le Sot reſtera incrédule.

XLVII. C'eſt

XLVII.

Tarquin projette d'ajoûter de nouveaux corps de Cavalerie à ceux que Romulus avoit formés. Un Augure lui soûtient que toute innovation dans cette milice est sacrilège, si les Dieux ne l'ont autorisée. Choqué de la liberté de ce Prêtre, & résolu de le confondre & de décrier en sa personne un Art qui croisoit son autorité, Tarquin le fait appeller sur la place publique, & lui dit; ,, Dévin, ce ,, que je pense est-il possible? Si ta ,, Science est telle que tu la vantes, ,, elle te met en état de répondre ". L'Augure ne se déconcerte point, consulte les Oiseaux, & répond; ,, Oui, Prince, ce que tu penses, se ,, peut faire ". Lors Tarquin tirant un rasoir de dessous sa robe, & prenant à la main un caillou; ,, Appro- ,, che (*dit-il au Devin*); coupe-moi ,, ce caillou avec ce rasoir: Car j'ai ,, pensé que cela se pouvoit ". *Navius*, c'est le nom de l'Augure, se

tour-

XLVII.

C'eſt dans le même eſprit de doute que les Incrédules traitent également de fabuleux quelques Prodiges attribués aux Miniſtres des Faux Dieux dans l'*Hiſtoire Profane*, & les Miracles dont l'Ecriture Sainte fait mention, & qu'ils prétendent que les raiſonnemens des Philoſophes contre les uns ſont applicables auſſi aux autres. Un Augure, par exemple, ſous le règne de *Tarquin l'Ancien*, au rapport de *Tite-Live* & de *Dénys d'Halicarnaſſe*, fait partager un caillou avec un raſoir, pour prouver qu'il ne s'étoit pas trompé dans le jugement de la penſée de ce Prince. Le Fait eſt cité avec bien d'autres par *Quintus*, le Frére de Ciceron, en faveur de la Divination. Ciceron, qui la combat, y répond en ces termes. „ Au
„ reſte, ne me parlez point, ni du Bâton
„ augural de *Romulus*, que vous dites qui
„ ne put être conſumé du feu dans un
„ très-grand incendie; ni du caillou d'*Accius Navius*. Les fables ne doivent point
„ avoir place dans les Queſtions de Philoſophie. Ce qu'un Philoſophe devoit fai-
„ re, c'étoit premiérement d'examiner la
„ nature de la Science Augurale, d'en re-
„ chercher enſuite l'origine, & enfin de
„ fai-

tourne vers le peuple, & dit, avec
affûrance; ,, Qu'on applique le rafoir
,, au caillou, & qu'on me traîne au
,, fupplice, s'il n'eft divifé fur le
,, champ ". L'on vit en effet, contre toute attente, la dureté du caillou céder au tranchant du rafoir: Ses
parties fe féparent fi promtement,
que le rafoir porte fur la main de
Tarquin, & en tire du fang. Le
peuple étonné fait des acclamations:
Tarquin renonce à fes projets, & fe
déclare protecteur des Augures: On
enferme fous un Autel le rafoir & les
fragmens du caillou. On éléve une
Statue au Dévin. Cette Statue fub-
fiftoit encore fous le regne d'*Augufte*;
& l'Antiquité Profane & Sacrée nous
attefte la vérité de ce Fait dans les
Ecrits de *Lactance*, de *Dénys d'Halicarnaffe*, & de St. *Auguftin*.

Vous avez entendu l'Hiftoire: E-
coutez la Superftition. ,, Que ré-
,, pondez-vous à cela? Il faut (*dit le
,, fuperftitieux Quintus à Cicéron fon
,, Frére*) il faut fe précipiter dans un
,, mon-

,, faire voir avec quelle uniformité elle
,, s'eſt toûjours ſoûtenue..... Les Haruſ-
,, pices ont pour auteur de leur Diſcipline
,, un Enfant qu'une charrue fit tout d'un
,, coup ſortir d'un ſillon. Nous qui? Eſt-
,, ce *Accius Navius*? ..... Nous voulons
,, donc devoir la connoiſſance des choſes
,, divines à des hommes, qui n'ont preſ-
,, que connoiſſance de rien. Mais vous
,, m'objeĉtez que tous les Rois, tous les
,, Peuples, toutes les Nations ſe ſervent
,, d'auſpices; comme s'il y avoit quelque
,, choſe de plus commun parmi les Hom-
,, mes, que de ne rien ſavoir, & comme
,, ſi pour juger ſavamment de quelque
,, choſe, il faloit s'en tenir à l'opinion de
,, la Multitude *." Sur cette Réponſe du
Philoſophe Payen, le Philoſophe Catholique Romain s'écrie; *Qu'on me cite un ſeul*
Prodige auquel elle ne ſoit pas applicable.
Oui, j'en citerai, & en grand nombre,
tous les Miracles de l'Evangile. Mais,
pour me contenter d'un ſeul qui en vaut
des milliers, j'allègue la Réſurreĉtion de
Jesus-Christ. Que l'on examine tant
que l'on voudra en Philoſophe, mais en
Philoſophe qui ſe paye de raiſons, cet é-
vénement en lui-même, dans ſa naiſſance,

dans

* Traduĉtion de l'Abbé *Régnier Deſmarais.*

„ monftrueux Pyrrhonisme, traiter
„ les Peuples & les Hiftoriens de ftu-
„ pides, & brûler les Annales, ou
„ convenir de ce Fait. Nierez-vous
„ tout, plûtôt que d'avouer que les
„ Dieux fe mêlent de nos affaires?

*Hoc ego Philofophi non effe arbitror teftibus uti, qui, aut cafu veri, aut malitiâ falfi fictique effe poffunt. Argumentis & rationibus oportet, quare quidque ita fit, docere, non eventis, iis præfertim quibus mihi non liceat credere. . . . . . . † Omitte igitur lituum Romuli, quem in maximo incendio negas potuiffe comburi: Contemne cotem Accii Navii. Nihil debet effe in Philofophia commentitiis fabellis loci. Illud erat Philofophi, totius augurii primum naturam ipfam videre, deinde inventionem, deinde conftantiam.... Habent Etrufci exaratum puerum auctorem Difciplinæ fuæ. Nos quem? Accium-ne Navium? Placet igitur humanitatis expertes habere Divinitatis auc-
to-

* *Cicer.* De Divinat. Lib. II. Cap. 11. *E-dit Gronoi.*
  * Ibid. Cap. 38. 39.

dans fes progrès, dans fa durée; l'on ne fauroit foupçonner ceux qui l'ont les premiers annoncé, ni de s'être trompés par foibleffe, ni d'avoir voulu tromper par malice. L'on en peut voir les preuves ci-deffus. L'on démontre par des raifons fans replique, pourquoi la chofe a dû arriver ainfi. L'on en donne pour caufe la Puiffance de DIEU. Il y avoit trop à perdre, à l'annoncer & à en faire profeffion; trop à gagner, à la rejetter, pour pouvoir feulement mettre en doute, que ce foit par pure ignorance de ce qui s'étoit paffé, ou par attachement à l'opinion de la Multitude, qu'on l'ait reçue. La perfuafion où l'on eft de fa vérité, s'eft d'ailleurs foûtenue trop longtems, & fe foûtient encore malgré l'éloignement de dix-huit fiècles & les efforts des Incrédules, pour ne pas en conclurre, qu'elle eft au deffus de toute exception. Que l'on attribue tant qu'on voudra l'Art prétendu de *Navius* au Diable, comme fait *Lactance* *; Que l'on y foupçonne de l'artifice, comme l'infinue St. *Auguftin* †, ni l'un ni l'autre de ces principes ne fauroit s'appliquer à la Réfur-

tec

---

* *Divinar. Inftitutionum* Lib. II. Cap. 16. num. 11. *E lit. Cellar*.

† *De Civitate Dei*, Lib. X. Cap. 16.

tores. Mais c'eſt la croyance des Rois, des Peuples, des Nations & du Monde. *Quaſi verè quidquam ſit tam valdè, quam nihil ſapere, vulgare : aut quaſi tibi ipſi in judicando placeat multitudo !* Voilà la réponſe du Philoſophe. Qu'on me cite un ſeul Prodige auquel elle ne ſoit pas applicable? Les Pères de l'Egliſe, qui voyoient ſans doute de grands inconvéniens à ſe ſervir des principes de Ciceron, ont mieux aimé convenir de l'avanture de *Tarquin*, & attribuer l'Art de *Navius* au Diable. C'eſt une belle machine que le Diable !

XLVIII.

Tous les Peuples ont de ces Faits, à qui, pour être merveilleux, il ne manque que d'être vrais ; avec lesquels on démontre tout, mais qu'on ne prouve point ; qu'on n'oſe nier ſans être impie, & qu'on ne peut croire ſans être imbecille.

XLIX. *Ro-*

rection de JESUS-CHRIST avec le moindre fondement; Et il faut convenir que le
Témoignage qui en fait foi, a tous les dégrés possibles de certitude; ou qu'il n'y a
rien de certain en fait d'Histoire.

XLVIII.

C'est donc vouloir s'abuser foi-même &
les autres bien vainement, ou plutôt c'est fe
dégrader la qualité d'homme raisonnable &
de Philofophe, qui doit savoir distinguer les
chofes fur les caractères qu'elles préfentent
à fon efprit, que de confondre la Réfurrection de JESUS-CHRIST avec cette foule de Faits merveilleux répandus chez tous
les Peuples du Monde, dont on ne fauroit
prouver, ni l'origine, ni la vérité, quelque bien-établis qu'ils paroiffent dans la

                                    So-

XLIX.

Romulus frappé de la foudre, ou maſſacré par les Sénateurs, diſparoît d'entre les Romains. Le Peuple & le Soldat en murmurent. Les Ordres de l'Etat ſe ſoulévent les uns contre les autres, & Rome naiſſante, diviſée au dedans & environnée d'Ennemis au dehors, étoit au bord du précipice, lorsqu'un certain Proculeius s'avance gravement, & dit; „ Romains, ce Prince que vous re- „ grettez n'eſt point mort : Il eſt „ monté aux Cieux, où il eſt aſſis à „ la droite de Jupiter. Va, m'a-t-il „ dit, calme tes Concitoiens : An- „ nonce-

Societé Civile ou Religieuſe : Au lieu que, dans le Fait qui ſert de baſe à la Religion Chrétienne, l'on n'avance rien qui ne ſoit atteſté par des Témoins irréfragables, rien dont on ne rende raiſon, rien qui ſoit au deſſus de la compréhenſion de l'Eſprit Humain, rien qui ne quadre avec les Perfections de DIEU à qui on l'attribue, rien qui ne confonde l'Impieté, rien qui ne forme une Foi éclairée.

XLIX.

Entre ces Faits, à qui, *pour être auſſi merveilleux* que la Réſurrection & l'Aſcenſion de JESUS-CHRIST, *il ne manque que d'être vrais*, l'on pourroit mettre à juſte titre l'enlévement & l'apothéoſe de *Romulus*. Les Faits en ſont aſſez reſſemblans, l'influence qu'ils eurent chacun ſur l'opinion, la conduite & le culte, des Romains & des Chrétiens, fut à-peu-près la même. En faut-il davantage pour que les Incrédules prennent occaſion de ce qu'il y a eu de fabuleux dans les uns pour revoquer en doute la vérité des autres ? Bien-tôt ils ne manqueront pas de dire que l'Hiſtoire de l'Aſcenſion de JESUS-CHRIST a été moulée ſur celle de l'enlévement de *Romulus* : L'affinité des termes des deux narrations pourroit y donner lieu. Mais quelle extrê-

me

„ nonce-leur que Romulus eſt entré
„ les Dieux: Aſſûre-les de ma pro-
„ tection : Qu'ils ſachent que les
„ forces de leurs Ennemis ne pré-
„ vaudront jamais contr'eux. Le
„ Deſtin veut qu'ils ſoient un jour les
„ maîtres du Monde: Qu'ils en faſ-
„ ſent ſeulement paſſer la prédiction
„ d'âge en âge à leur poſtérité la plus
„ reculée ". Il eſt des conjonctures
favorables à l'Impoſture, & ſi l'on
examine quel étoit alors l'état des affaires de Rome, on conviendra que
Proculeius étoit homme de tête, &
qu'il avoit ſu prendre ſon tems. Il
introduiſit dans les eſprits un préjugé
qui ne fut pas inutile à la grandeur
future de ſa patrie. . . . . * *Mirum*,
quantùm illi viro nuncianti hæc fidei
fuerit , quamque deſiderium Romuli
apud plebem exercitumque, factâ fide
immortalitatis , lenitum ſit. . . . . † Fa-
mam

* *Tit. Liv.* Lib. 1. Cap. 16.
† Les paroles ſuivantes ne ſe trouvent
qu'en partie dans cet endroit de *Tite-Live*.
Je ne ſais d'où l'Auteur a tiré celles qu'il
y ajoûte.

me différence n'y a-t-il pas dans l'expofi-
tion, le narré, les Auteurs, les Témoins, les Hiftoriens & les Sectateurs de
l'Hiftoire Evangelique & ceux de l'Hiftoire Romaine, à l'avantage de la premiere
fur ces deux Articles? Dans la premiére,
tout eft fimple, fans ombre d'art & d'or-
nement: Dans la feconde, le tour, la dic-
tion, l'élocution, l'embelliffement du ftile,
aident beaucoup au merveilleux de la chofe, & y font fort bien affortis. Dans la
premiére, le Fait y eft donné pour vrai &
affûré, fans le moindre doute: Dans la feconde, c'eft avec de perpétuels *on dit*,
qu'on le rapporte; *fertur*, *dicitur*, *fama
eft*. Dans la premiére, il n'y a qu'une
maniére de rapporter le Fait effentiel, la
Réfurrection même & l'Afcenfion au Ciel:
Dans la feconde, les Hiftoriens favent à
peine à quoi s'en tenir fur la maniére de
l'enlévement. Dans la premiére, les premiers qui publient la chofe de vive voix
ou par écrit, le font l'année, le mois, &
prefque le même jour, de la datte de l'événement: Dans la feconde, c'eft feulement
fept ou huit fiècles après l'événement,
qu'on en fait mention dans les Ecrits publics. Dans la premiére, les Hiftoriens
ne rapportent que (*a*) *ce qu'ils ont vû de*

H 4

leurs

(*a*) I. Jean I. I.

mam hanc admiratio viri, & pavor præfens nobilitavit, factoque à paucis initio, Deum, Deo natum, falvere univerfi Romulum jubent. C'eſt-à-dire, que le peuple crut à cette apparition; que les Sénateurs firent ſemblant d'y croire, & que Romulus eut des Autels. Mais les choſes n'en demeurérent pas là. Bien-tôt ce ne fut point un ſimple Particulier à qui Romulus s'étoit apparu. Il s'étoit montré à plus de mille perſonnes en un jour. Il n'avoit point été frappé de la foudre: Les Sénateurs ne s'en étoient point défaits à la faveur d'un tems orageux. Mais il s'étoit élevé dans les airs au-milieu des éclairs & au bruit du tonnerre, à la vûe de tout un Peuple; & cette avanture ſe *calfeutra* avec le tems d'un ſi grand nombre de piéces, que les Eſprits-forts du ſiècle ſuivant devoient en être fort embarraſſés.

L. Une

leurs yeux, touché de leurs mains, & ouï de leurs oreilles : Dans la seconde, les Historiens ne proposent que ce qu'ils ont tiré d'une tradition incertaine ou d'Annales suspectes. Dans la premiére, les Historiens ont à combatre, pour être crus, les préjugés, les passions de leurs Auditeurs, & tout ce qu'a d'influence sur les esprits la Religion dominante, & ils persuadent : La seconde ne tend qu'à favoriser les préjugés de la Religion dominante & de la Nation, & elle a peine à se faire jour dans les esprits. Les Temoins, les Historiens, les Partisans de la premiére, se soûtiennent dans leur narration jusques à la mort, au péril de tout ce qu'ils ont de plus cher, & au milieu des supplices : Les partisans de la seconde l'ont publiée sans rien craindre de la part des Hommes. La premiére est parfaitement assortie au reste de la vie de Jesus-Christ, & à l'idée qu'il avoit donnée de lui-même : La seconde présente un contraste des plus étranges entre la conduite de *Romulus* & sa prétendue destinée après sa mort. La premiere s'est conservée pure, sans altération, sans contradiction formelle, & appuyée de preuves, au travers de dix-sept ou dix-huit siècles, & se soûtiendra telle, selon toute apparence, jusques au grand jour de la manifestation

H 5

de

L.

Une seule démonstration me frappe plus que cinquante Faits. Grace à l'extrême confiance que j'ai en ma Raison, ma Foi n'est point à la merci du premier Saltimbanque. Pontife de Mahomet, redresse des Boiteux; fais parler des Muets; rens la
vûe

de toutes chofes, que la foi fera changée
en vûe : La feconde ne fe foûtenoit prefque plus au bout de quelques fiècles , malgré les appuis dont on tâchoit fans ceffe
de l'étaier, & elle eft enfin totalement tom-
bée, à ne s'en plus relever. Que n'au-
rois-je pas encore à dire fur les différens
caractères des Hiftoriens & des Croyans
de l'une & de l'autre, fur la convenance
ou la difconvenance que l'une & l'autre
peuvent avoir avec la gloire de DIEU &
fes Perfections, fur leur conformité ou
leur diffonance avec les lumiéres de la
Raifon, fur la nature des Devoirs qu'elles
nous engagent à remplir &c? Ce parallèle
fait, pourroit-il y avoir encore des gens
affez idiots pour fe laiffer furprendre aux
foibles traits de reffemblance que l'Incrédule fait remarquer entre la Vérité & la
Fable?

L.

Mais que me ferviroit-il d'avoir prouvé
la vérité de ce Fait, & de *cinquante* autres, auffi merveilleux & auffi avérés que
celui-là, fi je n'en pouvois tirer aucune
conféquence pour la vérité de la Religion
qui les reclame?,, Ne feroit il pas mieux
,, d'en venir d'abord à des raifonnemens
,, démonftratifs de cette vérité, que d'en-
H 6   ,, taf-

vûe aux Aveugles; guéris des Paralytiques; refsufcite des Morts; reftitue même aux Eftropiés les membres qui leur manquent, Miracle qu'on n'a point encore tenté; & à ton grand étonnement, ma Foi n'en fera point ébranlée. Veux-tu que je devienne ton Profélyte? Laiffe tous ces preftiges, & raifonnons. Je fuis plus fûr de mon jugement que de mes yeux.

Si la Religion que tu m'annonces eft vraie, fa vérité peut être mife en évidence, & fe démontrer par des raifons invincibles. Trouve-les, ces raifons. Pourquoi me harceler par des Prodiges, quand tu n'as befoin pour me terraffer que d'un Syllogifme? Quoi donc! te feroit-il plus facile de redreffer un Boiteux, que de m'éclairer?

L I. Un

,, taſſer Prodiges, ſur Prodiges, qui faſci-
,, nent les yeux, ſans éclairer l'eſprit?
,, Que ſi l'on ne peut ni l'éclairer, ni le
,, convaincre, par cette voie, c'eſt en
,, vain que l'on employera celle des Faits,
,, y en eût-il par milliers & des plus ſur-
,, prenans, opérés par les Partiſans de
,, l'Erreur. " C'eſt encore là un des ſophiſ-
mes de l'Incrédulité, tout propre à en impoſer, contre lequel il faut prémunir toute perſonne qui cherche la Vérité de bonne foi. Une légére attention aux ſuppoſi-
tions hazardées de l'Incrédule, ſuffira pour
dévoiler tout le ſophiſme.

Il ſuppoſe 1. que les Faits donnés comme miraculeux, ſont la plûpart des tours
de paſſe - paſſe, de vrais *preſtiges*. Mais
l'on a fait voir ci-deſſus, que l'on ne pourroit, ſans injuſtice, mettre les Miracles
de l'Evangile dans ce rang, & qu'ils ont
toute la certitude poſſible.

Il ſuppoſe 2., ſans aucune preuve,
qu'il ſe peut faire de vrais Miracles en faveur d'une fauſſe Religion, tout comme
en faveur de la véritable. Cependant l'i-
dée ſeule du Miracle s'y oppoſe; les Perfections du Dieu de Vérité ne ſauroient
le permettre, l'on n'en ſauroit citer d'e-
xemple inconteſtable. C'eſt donc bâtir ſur
un fondement ruïneux.

Il suppose 3., contre l'expérience journaliére, que le témoignage des Sens, le rapport des yeux, n'est jamais aussi sûr, ni aussi évident, que l'est un raisonnement bien démontré. Cependant l'on pourroit en appeller à la bonne-foi & au jugement de tout homme qui a ses Sens bien disposés (& il y en a assûrement plusieurs de cet ordre) s'il n'est pas aussi sûr de la réalité de ce qu'il touche, de ce qu'il voit, de ce qu'il mange, que de la vérité de quelque proposition que ce soit; s'il n'y en a pas même un grand nombre, dont la démonstration le frappe & l'éclaire beaucoup moins, que ne fait la réitération constante d'un même Fait, dans une expérience qui ne dépend que des Sens. Il est donc hors de doute, que la preuve des Faits, fondée sur le témoignage des Sens, égale souvent, & surpasse quelquefois, en évidence & en force la démonstration la plus solide.

Il suppose encore 4., que les Faits Miraculeux, quoique bien prouvés, n'établissent d'autre Vérité que la réalité du Miracle en question, dont la certitude n'entraine après soi aucune autre conséquence: Au lieu qu'une Proposition démontrée, en éclairant l'esprit, sert de principe à d'autres Vérités également certaitaines. Cependant il eſt ſûr qu'un Fait bien prouvé eſt ſouvent un principe fécond en conſéquences, qui tirent toute leur évidence des preuves qui ont ſervi à bien établir le Fait. La Réſurrection de Jesus-Christ, par exemple, une fois bien établie, il en réſulte, par des conſéquences auſſi démontrées qu'aucun raiſonnement puiſſe l'être, que Dieu a manifeſté ſa Puiſſance en faveur de Jesus-Christ; que ce Jesus n'en a pas imnoſé au Monde par ſa Doctrine & ſes Miracles; qu'il avoit été envoyé de Dieu pour le ſalut des Hommes; que les Juifs ont eu tort de le faire mourir &c.

L'Incrédule ſuppoſe enfin, que ces mêmes Vérités que l'on infére d'un Miracle bien atteſté, ſe démontreroient encore mieux par le raiſonnement, & qu'il ſeroit plus aiſé d'éclairer l'eſprit par un Syllogiſme, que de le convaincre par un Miracle. Mais cette ſuppoſition n'eſt rien moins qu'évidente. Pour en juger, qu'il nous ſoit permis de renvoyer notre Lecteur aux Chapitres V. VI. VIII. X. de *l'Evangile de St. Jean*, où l'on voit quel fut le ſuccès & des inſtructions & des Miracles de Jesus-Christ. Ses inſtructions tendoient à prouver que lui Jesus-Christ étoit envoyé de Dieu, que ſa Miſſion avoit pour

but

but de retirer les Hommes de leurs defordres; qu'en ajoûtant foi à fes paroles & obéiffant à fes préceptes ils fe rendroient agréables à DIEU & fe procureroient un bonheur éternel.   Rien de plus fort que tous fes raifonnemens fur ce Chapitre, pour qui auroit voulu les entendre.   Cependant quelle impreffion firent-ils fur les efprits? Prefque tous, plufieurs même de fes Difciples, en furent fcandalifés, parce qu'ils

PENSE'ES PHILOSOPHIQUES.

L I.

Un homme eft étendu fur la terre, fans fentiment, fans voix, fans chaleur, fans mouvement.   On le tourne, on le retourne, on l'agite, le feu lui eft appliqué, rien ne l'émeut: Le fer chaud n'en peut arracher un fymptôme de vie: On le croit mort. L'eft-il? Non.   C'eft le pendant du Prêtre de Calame, *qui, quando ei placebat, ad imitatas lamentantis hominis voces, ita fe auferebat à fenfibus & jacebat fimillimus mortuo, ut*

non

qu'ils n'en pénétroient pas le véritable fens. Au contraire, fait-il en même tems des Miracles? Tous, hormis des Phari- fiens entêtés, le regardent comme un Pro- phète, & le fuivent. Les uns, après a- voir entendu un de fes plus beaux Dif- cours, difent qu'*il a le Diable*: Les autres, fur fes Miracles, concluent avec plus de raifon, qu'un Démoniaque ne fauroit ou- vrir les yeux d'un Aveugle. Une expofi- tion claire de la Vérité triomphe fouvent de l'Erreur: Mais fi le Miracle accompa- gne le difcours; il lui donne une force à laquelle on ne fauroit réfifter.

L I.

Rien ne prouve mieux le pouvoir qu'on a cru de tout tems attaché à cette forte d'argumens, que l'abus qu'en ont fait les Fourbes, ou les Fanatiques, pour obtenir par de faux Miracles une créance qu'on refufoit à leurs difcours. Les exemples en font fans nombre dans l'Hiftoire Profane & dans l'Hiftoire Eccléfiaftique, dans les Légendes & les Vies des Saints: L'Ecritu- re même en fournit. Mais gardez-vous bien de décréditer pour cela les vrais, & d'en conclurre que ceux-ci font inutiles pour établir la Foi. Heureufement il y a des caractères non-équivoques, qui diftin- guent

*non folùm vellicantes atque pungentes
minimè fentiret, fed aliquando etiam
igne ureretur admodo, fine ullo doloris
fenfu, nifi poftmodùm ex vulnere.* St.
Auguft. Cité de DIEU. Liv. XIV.
Chap. 24. Si certaines gens avoient
rencontré de nos jours un pareil fujet ; ils en auroient tiré bon parti.
On nous auroit fait voir un cadavre
fe ranimer fur la cendre d'un Prédef-
tiné: Le recueil du Magiftrat Janfé-
nifte fe feroit enflé d'une réfurrection;
& le Conftitutionnaire fe tiendroit
peut-être pour confondu.

LII. Il

guent les uns des autres aux yeux de celui qui voudra les examiner de près & raisonner, & qui obligent quelquefois l'Imposteur même de dire; *C'est ici le doigt de* DIEU, (*a*) auquel je ne puis atteindre. Tels sont les suivans que je tire des mêmes Auteurs * qu'a cités sur ce sujet, l'*Abbé d'Houtevile* dans son *Traité de la Religion Chrétienne prouvée par les faits. Liv. III. Reponse à la VIII. & IX. Difficulté.*

1°. Un Miracle pour être reconnu vrai & servir de confirmation à une. vérité proposée, doit être un effet réel & visible qui de l'aveu général des hommes surpasse de beaucoup les forces humaines.

2°. Il doit encore être reçu pour tel, si celui qui l'opère l'a su, l'a annoncé, & a témoigné vouloir l'operer avant qu'il arrivât, sans qu'aucun art humain lui ait pu faire connoître l'événement, ni qu'il y ait été amené par des circonstances dont il fut le Maître.

3°. Lorsqu'il n'y . a aucune raison tirée de la nature de l'effet produit ou de la
doc-

(*a*) Exod. VIII: 19.
* *Pascal*, *Werenfels*, *Hoadley*, *Jaques Serces.* Voyez aussi *Michel le Vassor Prêtre de l'Oratoire. De la véritable Religion* L. IV. P. I. Ch. II. & *Defense de la Religion tant Naturelle que Revelée* &c. *Tom.* V. *Traité* I. Part. IV. *Sect.* IV.

doctrine a laquelle il fert d'appui qui enga-
ge à l'attribuer à une caufe moins puiffan-
te que Dieu agiffant médiatement ou immédiatement.

4°. Si l'on y apperçoit manifeftement
un but digne de Dieu ou qui fe rapporte
à fa gloire & que l'on y emploie des moyens pour le produire qui ayent quelque
reffemblance avec d'autres actes connus de
la Divinité.

5°. Si celui qui fait le Miracle témoigne
ouvertement ou par fa conduite, que ce
n'eft point par fa propre puiffance qu'il le
fait, mais par la puiffance de Dieu & fi
l'on n'a aucune bonne raifon de rejetter fon
témoignage à cet égard.

6°. S'il eft confirmé par un grand nombre,

PENSE'ES PHILOSOPHIQUES.

LII.

Il faut avouer, dit le Logicien de
Port-Royal, que St. *Auguftin* a eu
raifon de foûtenir avec *Platon*, que
le jugement de la Vérité, & la Règle
pour difcerner, n'appartiennent pas
aux

bre d'autres Miracles , où l'on aura reconnu un ou plufieurs des caractères ci-
deffus & qu'il fe foutienne dans fes effets;
ou s'il a été opéré par des perfonnes qui
outre le pouvoir de faire de tels Miracles
foient vifiblement revêtues de quelques
dons extraordinaires de Prophétie, de connoiffance & de vertu.

Enfin la doctrine en faveur de laquelle
fe fait le Miracle, doit être telle qu'elle ne
repugne ni aux pures lumiéres de la Raifon, ni aux devoirs connus de la Religion
naturelle, ni aux déclarations expreffes de
la Divinité dont on réclame le pouvoir
dans le Miracle operé, ni au culte qui lui
eft dû (a)

C'eft a de tels caractères que toute perfonne raifonnable, reconnoitra toujours
pour vrais les Miracles de Moïse, de
Jesus-Christ & de fes Apôtres, &
qu'il lui fera facile de juger des autres.

(a) *Deuter.* XIII. 1, 2, 3. *Marc* IX. 38.

L I I.

Entre les précautions à prendre pour
n'être pas la duppe des faux Miracles, u-
ne des principales eft de fe défier du rapport des Sens, & de n'en pas croire aux
premiéres apparences , parce qu'elles
trompent fouvent. Mais c'eft alors l'office

aux Sens, mais à l'Esprit : *Non est veritatis judicium in sensibus*; & même que cette certitude que l'on peut tirer des Sens, ne s'étend pas bien loin, & qu'il y a plusieurs choses que l'on croit savoir par leur entremise, & dont on n'a point une pleine assûrance. Lors donc que le témoignage des Sens contredit, ou ne contrebalance point l'autorité de la Raison, il n'y a pas à opter. En bonne Logique, c'est à la Raison qu'il faut s'en tenir.

L I I I.

Un Fauxbourg retentit d'acclamations; la cendre d'un Prédestiné y fait en un jour plus de Prodiges que

JE-

ce de la Raiſon, de connoître & de juger;
de conſulter pour cet effet plus d'un Sens;
de voir ſi les organes ſont en bon état &
s'il n'y a aucun obſtacle à leur action ou à
leur impreſſion; de redoubler ſon attention, ſur l'objet; de le conſidérer en différens tems, à diverſes repriſes, en différentes ſituations; & enfin de s'informer de
ce qui paroît à d'autres qui l'ont examiné
de près &c. Si après de telles précautions
l'on reçoit le témoignage des Sens, il ſera
ſûrement conforme à la Vérité. La Raiſon éclairée faiſant alors l'office de Juge,
ne pourra que prononcer conformément
au rapport des Sens, ou à l'information
qu'elle en aura priſe. Suivant cette Règle, la Raiſon & les Sens ne ſe trouve-
ront jamais en contradiction. Mais ſi les
Hommes veulent juger ſur les apparences
des Sens, ſans conſulter la Raiſon, c'eſt
ſouvent la cauſe de l'Erreur. Chacune de
ces Facultés a ſes fonctions & ſes bornes,
auxquelles il faut ſe tenir dans la recherche de la Vérité.

L I I I.

Il eſt bien ſûr que le crédit des faux Miracles dépend beaucoup de l'Opinion.
L'on en diminueroit conſidérablement le
cours, ſi chaque Particulier, ſur-tout ſi les
Chefs

JESUS-CHRIST n'en fit en toute sa vie. On y court; on s'y porte. J'y suis la foule. J'arrive à peine, que j'entens crier, Miracle! Miracle! J'approche, je regarde, & je vois un petit Boiteux qui se proméne à l'aide de trois ou quatre personnes qui le soûtiennent, & le peuple, qui s'en émerveille, de repéter, Miracle! Miracle! Où donc est le Miracle, peuple imbécille? Ne vois-tu pas que ce Fourbe n'a fait que changer de béquilles? Il en étoit dans cette occasion des Miracles, comme il en est toûjours des Esprits. Je jurerois bien que tous ceux qui ont vû des Esprits les craignoient d'avance, & que tous ceux qui voyoient là des Miracles, étoient bien résolus d'en voir.

LIV.

Nous avons toutefois de ces Miracles prétendus un vaste Recueil, qui peut braver l'Incrédulité la plus déterminée. L'Auteur est un Sénateur, un homme grave, qui faisoit

pro-

Chefs de la Societé, tant Ecclésiastique que Civile, prenoient soin d'examiner par eux-mêmes, ou par des Experts choisis à cet effet, tout ce qui a du rapport aux prétendus Miracles; l'état d'un Malade, par exemple, avant sa guérison, les moyens employés pour l'opèrer, & l'effet produit, avec toutes les circonstances les plus détaillées de chacune de ces choses. Peut-être, je l'avoue, en échapperoit-il encore plusieurs de faux à la sagacité des Experts. Mais si à cet examen l'on pouvoit joindre la connoissance des motifs qui font agir les faiseurs de Miracles, ou du moins réfléchir sur ce qu'il est permis d'en découvrir, pensez-vous qu'il y en eût beaucoup qui fussent exempts du soupçon de fraude, d'illusion, d'ostentation, d'esprit de parti? Peut-être que les vrais seuls pourroient soûtenir cette pierre de touche.

L I V.

Un tel examen, fait de bonne foi d'abord ou long-tems après l'événement, serviroit encore à juger des sentimens que l'on veut autoriser par de tels Miracles. La Vérité n'eut jamais besoin de la fraude ou de l'illusion pour se soûtenir contre les

 at-

profeſſion d'un Matérialiſme , aſſez mal-entendu à la vérité ; mais qui n'attendoit pas ſa fortune de ſa converſion : Témoin oculaire des Faits qu'il raconte , & dont il a pu juger ſans prévention & ſans intérêt, ſon témoignage eſt accompagné de mille autres. Tous diſent qu'ils ont vû , & leur dépoſition a toute l'authenticité poſſible. Les Actes Originaux en ſont conſervés dans les Archives publiques. Que répondre à cela ? Que répondre? Que ces Miracles ne prouvent rien ; tant que la queſtion de ſes ſentimens ne ſera point décidée.

L V.

Tout raiſonnement qui prouve pour deux partis, ne prouve ni pour l'un ni pour l'autre. Si le Fanatiſme

attaques de ses Ennemis. Aussi tout homme qui se sert de faux moyens pour parvenir à un but qu'il croit honnête, se rend avec raison suspect de mauvais motifs. „ Mais (*dira-t-on*) tout ce qui dépose en „ faveur de ces prétendus Miracles, „ peut être revêtu d'une telle authentici- „ té, que l'examen le plus sévère ne pour- „ ra les distinguer des vrais. Ne con- „ vient-il pas en ce cas-là de revenir à la „ question des sentimens, & de n'en croi- „ re aux Miracles, qu'autant que les sen- „ timens dont ils sont les appuis seront „ reconnus vrais ? ” D'accord; Mais si ces sentimens sont eux-mêmes d'un examen trop difficile pour le commun des Hommes, comme le supposent sans doute ceux qui font l'objection, faudra-t-il, selon eux, rejetter également les Miracles & la Doctrine; ou se soûmettre aux décisions de l'Eglise dans laquelle l'on est né; ou suspendre son jugement jusques-à-ce que l'on soit plus éclairé? Ce dernier parti n'est-il pas le plus conforme à la Raison?

L V.

Il n'y a malheureusement que trop de Religions dans le Monde, & que trop de partis dans chaque Religion. Cependant,

comme a ſes Martyrs, ainſi que la vraie Religion , & ſi entre ceux qui ſont morts pour la vraie Religion, il y a eu des Fanatiques, ou comptons, ſi nous le pouvons , le nombre des Morts , & croyons , ou cherchons d'autres motifs de crédibilité.

LVI. Rien

comme toutes les Religions ont des principes communs, qui en font la bafe, & qu'elles établiffent par les mêmes raifonnemens; ainfi en eft-il dans tous les partis de chaque Religion. Le fond & l'effentiel en eft à-peu-près le même, ils bâtiffent fur les mêmes principes. S'ils différent les uns des autres, ce n'eft que dans des acceffoires plus ou moins importans, qui ne détruifent pas ce qu'il y a de commun & de capital. Je n'excepte pas de cette Règle les différentes Sectes du Chriftianifme. *Grotius*, *Abbadie*, *Huet*, *Ditton*, *Turrettin*, *d'Houteville*, quoique dans différens partis, fe font fervis des mêmes preuves différemment tournées, pour établir les Vérités capitales de la Religion Chrétienne: Mais, bien loin de conclurre de-là que leurs argumens *ne prouvent ni pour les uns ni pour les autres*, j'en conclurrai plutôt, que ce qu'ils ont de commun eft bien fondé, puifque l'efprit de parti n'a pas empêché les uns d'adopter les principes des autres. Qu'il y ait plus ou moins de Martyrs dans l'un des partis que dans l'autre, ce ne fera pas par cet endroit que je déciderai pour l'un, plutôt que pour l'autre; parce que ce ne peut être que la foi à leur principe commun, qui fait le véritable Martyr: C'eft de-là que doit fe prendre le

prin-

L V I.

Rien n'eſt plus capable d'affermir dans l'Irréligion, que de faux motifs de converſion. On dit tous les jours; ,, Qui êtes-vous pour attaquer ,, une Religion, que les PAULS, les ,, TERTULLIENS, les ATHA,, NASES, les CHRYSOSTOMES, ,, les AUGUSTINS, les CY,, PRIENS, & tant d'autres illuſtres ,, Perſonnages, ont ſi courageuſe,, ment défendue? Vous avez ſans ,, doute apperçu quelque Difficulté ,, qui avoit échapé à ces génies ſupé,, rieurs. Montrez-nous donc que ,, vous en ſavez plus qu'eux, ou ſa,, crifiez vos doutes à leurs déci,, ſions, ſi vous convenez qu'ils en ,, ſavoient plus que vous". Raiſonnement frivole. Les lumiéres des Miniſtres ne ſont point une preuve de la vérité d'une Religion. Quel
cul-

principal motif de *crédibilité*, qui devroit
l'être auſſi du ſuport & de la tolerance
mutuelle.

L V I.

C'eſt encore des principes communs à
toute Religion, ou particuliers à la Religion Chrétienne, & non de l'autorité de
quelque parti, ou du crédit de ſes Miniſtres, que l'on doit tirer les plus forts motifs à la converſion des Pécheurs & des Incrédules. Si je penſe, ſi l'Etre Parfait e-
xiſte, s'il gouverne tout par ſa ſage Providence, s'il hait le Vice, s'il aime la
Vertu, s'il veut que tous les Hommes
ſoient ſauvés par la connoiſſance de la Vérité, & par la pratique de la Sainteté,
s'il les a doués de Facultés propres à mettre en œuvre ces moyens de Félicité, ſi, dans
les excès d'Ignorance, d'Erreur & de Corruption, dans leſquels ils s'étoient plongés
par l'abus criminel qu'ils avoient fait de
ces Dons précieux, leur Créateur, leur Père
commun, a bien voulu leur envoyer ſon
Fils bien aimé pour les retirer de leurs é-
garemens & les faire rentrer dans le chemin qui conduit à la Vie, pourvû qu'ils
veuillent l'écouter, & le ſuivre, avec dé-
claration formelle que s'ils perſiſtent opiniâtrément dans leurs deſordres; ils ne doivent plus s'en prendre qu'à eux-mêmes de

I 4

tous

culte plus abſurde que celui des E-
gyptiens, & quels Miniſtres plus é-
clairés? ...... Non, je ne peux ado-
rer cet oignon. Quel privilège a-t-il
ſur les autres légumes ? Je ſerois bien
fou de proſtituer mon hommage à
des Etres deſtinés à ma nourriture !
La plaiſante Divinité, qu'une Plante
que j'arroſe, qui croît & meurt dans
mon Potager ! . . . . . ,, Tais-toi,
,, Miſérable: Tes blasphêmes me font
,, fremir. C'eſt bien à toi à raiſon-
,, ner ! En fais-tu là-deſſus plus que le
,, Sacré Collège? Qui ès-tu pour at-
,, taquer les Dieux, & donner des
,, leçons de Sageſſe à leurs Miniſtres?
,, Es-tu plus éclairé que ces Oracles
,, que l'Univers entier vient interro-
,, ger? Quelle que ſoit ta réponſe, j'ad-
,, mirerai ton orgueil ou ta téméri-
,, té."..... Les Chrétiens ne ſenti-
ront-ils jamais toute leur force ? Et
n'abandonneront-ils point ces malheureux Sophiſmes à ceux dont ils
font l'unique reſſource ? *Omittamus
iſta communia, quæ ex utraque parte*
dici

tous les maux dans lesquels ils se verront
précipités; quelle efficace ne doivent pas
avoir ces grands objets, pour la Conversion des Pécheurs? C'est en vain qu'on
en chercheroit de plus puissans: C'est en
vain qu'on voudroit y en substituer d'autres. Mais, pour les leur présenter sous
une face propre à faire impression sur leur
esprit, l'on peut employer divers ressorts,
qui, sans rien diminuer de la force des
premiers motifs, aident à la foiblesse des
esprits tardifs, ou arrêtent la violence des
pétulans, pour les porter à y faire plus
d'attention. Aux uns, il faut des Exemples, qui leur montrent la Vertu vivante
& les avantages qui y sont attachés, &
qui les ménent, comme par la main, dans
le chemin qu'ils doivent tenir: Aux autres, il faut des Miracles, qui les engagent à donner leur attention aux paroles
de celui qui les opère: A d'autres enfin,
il faut une autorité, qui se fasse respecter,
& se soûmettre les esprits incapables de
longs raisonnemens & les cœurs insensibles
aux attraits de la Vertu. Ce sont tout autant d'aides à la Foi & à la Sainteté, qui
pourroient ne faire que des Dupes, ou des
Hypocrites, ou des Demi-Chrétiens, si
l'on s'en tenoit aux premiéres impressions:
Mais si l'on y joint son propre examen,

I 5

son

dici poſſunt , quanquam verè ex utraque parte dici non poſſint. St. Aug. L'Exemple , les Prodiges & l'Autorité, peuvent faire des Dupes ou des Hypocrites. La Raiſon ſeule fait des Croyans.

L V I I.

On convient qu'il eſt de la derniére importance de n'employer à la défenſe d'un Culte que des raiſons ſolides. Cependant on perſécuteroit volontiers ceux qui travaillent à décrier les mauvaiſes. Quoi donc ? N'eſt-ce pas aſſez que l'on ſoit Chrétien ? Faut-il encore l'être par de mauvaiſes raiſons? Dévots , je vous en avertis; je ne ſuis pas Chrétien parce que St. *Auguſtin* l'étoit : Mais je le ſuis, parce qu'il eſt raiſonnable de l'être.

L V I I I. Je

ſon propre jugement, ſon propre raiſonnement, ſon propre acquieſcement aux
Vérités & aux Préceptes que ces moyens
nous indiquent, c'eſt ce qui fait le vrai
Chrétien, ou le vrai *Croyant*.

L V I I.

C'eſt réellement faire tort à la bonne
Cauſe, que d'employer de mauvaiſes raiſons pour la ſoûtenir. L'on devroit par
conféquent ſavoir bon gré à ceux qui les
indiquent & qui les détruiſent, ſur tout
s'ils en ſubſtituent de meilleures. Mais,
ſi, ſemblables à de bons Avocats d'une
mauvaiſe Cauſe, ils ſe contentent de décrier la bonne, ſous prétexte qu'elle eſt
défendue par de mauvais Avocats, leurs lumiéres ne ſervent qu'à les rendre plus coupables. C'eſt bien pis encore en fait de
Religion, où chacun eſt intéreſſé à s'aſſûrer de la bonne par tout ce que l'on peut
alléguer de plus fort en ſa faveur. Mais
il faut dire auſſi qu'il n'y a guères que
ceux qui ſe défient du parti qu'ils y ont
pris, qui cherchent à le ſoûtenir par de
faux appuis. L'on ne fait guères valoir
l'autorité de l'Egliſe dont on eſt membre,
non plus que l'habileté, le ſavoir; ou les
déciſions, de ceux qui en ſont les Chefs,
qu'au défaut de meilleures raiſons. J'a-

 joû.

L V I I I.

Je connois les Dévots : Ils sont promts à prendre l'allarme. S'ils jugent une fois que cet Ecrit contient quelque chose de contraire à leurs idées, je m'attens à toutes les calomnies qu'ils ont répandues sur le compte de mille gens qui valoient mieux que

joûte qu'il n'y a guères que ceux à qui cette autorité & ces décisions servent de raisons, à qui l'on puisse reprocher de persé-
cuter ceux qui en voudroient de meilleures. Le pur Christianisme a de tout autres fondemens & de tout autres maximes. Comme il ne reconnoit aucun autre Maître & Docteur pour infaillible que
JESUS-CHRIST seul, envoyé de DIEU,
il ne reconnoit aussi d'autorité souveraine
en fait de Culte & de Doctrine, que celle
de DIEU seul, prouvée par des Miracles,
ou par des raisons incontestables. Il ne
demande d'autres moyens pour juger si u-
ne Doctrine vient de DIEU ou des Hommes, qu'un cœur honnête & bon, animé
du désir d'entendre sa voix & de faire sa
volonté. Il ne donne d'autres Règles pour
discerner les esprits, que celles que fournit une Raison saine, intègre & éclairée.

L V I I I.

Toute Confession de Foi qui n'aura pas
pour base les mêmes principes, est illusoi-
re, suspecte de partialité, de déguise-
ment, ou d'ignorance, & elle expose
avec raison celui qui la fait à des quali-
fications odieuses. Le Confessant aura
beau dire, qu'*il se soûmet de toute sa force
aux Décisions de l'Eglise* dans laquelle il est

né,

que moi. Si je ne suis qu'un Déiste &
qu'un Scélérat, j'en serai quitte à bon
marché. Il y a long-tems qu'ils ont
damné *Defcartes*, *Montagne*, *Locke*,
& *Bayle*, & j'efpére qu'ils en damne-
ront bien d'autres. Je leur déclare
cependant que je ne me pique d'être
ni plus honnête-homme, ni meilleur
Chrétien, que la plûpart de ces Philofophes. Je fuis né dans l'Eglife
Catholique, Apoftolique & Romaine,
& je me foûmets de toute ma force
à fes décifions. Je veux mourir dans
la Religion de mes Péres, & je la
crois bonne, autant qu'il eft poffible
à quiconque n'a jamais eu aucun commerce immédiat avec la Divinité, &
qui n'a jamais été témoin d'aucun Miracle. Voilà ma profeffion de Foi.
Je fuis prefque fûr qu'ils en feront mé-
contens, bien qu'il n'y en ait peut-
être pas un entr'eux, qui foit en état
d'en faire une meilleure.

L I X.

J'ai lu quelquefois *Abbadie*, *Huet*,
& les

né, & qu'*il veut mourir dans la Religion de
ses Pères;* s'il attend avec cela d'*être inspi-
ré,* ou d'*avoir vû des Miracles,* pour s'aſſûrer par lui-même de la bonté & de la vérité de cette Religion, comment pourra-
t-on dire de lui avec juſtice, qu'il *conſerve
par choix libre* * & raiſonné *le Culte qu'il a
reçu par éducation?* Comment pourra-t-il ſe
glorifier d'être *vrai Chrétien?* Comment
pourra-t-il juſtifier la ſincérité de ſa profeſſion & la mettre ſeulement de niveau
avec celle du Chrétien le plus crédule?
Celui-ci ſe ſoûmet au moins de bonne foi
à une autorité qu'il croit légitime: Celui-
là, après avoir rejetté toute autorité, ſi
elle n'eſt appuyée de la Raiſon, parce
qu'elle *ne fait* ſans cela *que des Dupes & des
Hypocrites*, ſe ſoûmet cependant à cette
autorité, quoique ſa Raiſon ne lui donne
rien d'aſſûré ſur ce Fait.   Eſt-il donc *Du-
pe?* Ou eſt-il *Hypocrite?* Eſt-il Crédule,
ou Incrédule? Peut-être tous les deux, &
des plus coupables.

* *Voiez ci deſſus Art.* **XXXVII.**

L I X.

La diſtinction établie des *Démonſtrations
Mo-*

& les autres. Je connois suffisamment les Preuves de ma Religion, &
je conviens qu'elles font grandes.
Mais le feroient-elles cent fois davantage, le Chriftianifme ne me feroit
point encore démontré. Pourquoi
donc exiger de moi que je croie qu'il
y a trois Perfonnes en DIEU, auffi
fermement que je crois que les trois
angles d'un Triangle font égaux à
deux droits? Toute Preuve doit produire en moi une certitude propor-
tionnée à fon dégré de force; & l'action des Démonftrations Géométriques, Morales & Phyfiques, fur mon
efprit, doit être différente, ou cette
diftinction eft frivole.

Vous

Morales, *Géométriques*, *Physiques*, *Métaphy-siques*, *Historiques*, est de toute solidité: Chacun la sent, ou doit la sentir. Autre est la preuve de sentiment de mon existence, & de ma liberté jusques à un certain point; Autre, celle qui me démontre que 2. & 2. font 4.: Autre, celle qui m'assûre qu'il y a eu autrefois un grand Conquérant, nommé *Alexandre*, que je n'ai jamais vû, ou qu'il y a actuellement une Isle, appellée *la Grande Bretagne*, où je n'ai jamais été: Autre, celle qui me convainc qu'entre les Etres qui existent il y en a de plus parfaits les uns que les autres, ou qu'il n'y a nul Effet sans Cause: Autre enfin, celle qui me persuade qu'il n'y a point de Vertu sans la connoissance de DIEU, & point de Bonheur sans la Vertu. Toutes ces Vérités sont, pour un homme qui réfléchit & qui raisonne, également certaines & démontrées. Mais l'on ne sauroit disconvenir, que l'effet, l'action, ou l'impression, de chacune de ces Démonstrations, sur l'esprit, ne dépende, non seulement de leur nature, mais aussi de la disposition de l'esprit, de son goût, de ses lumiéres, & de la manière dont il conçoit & envisage les choses. Pour un esprit bouché, qui n'a nulle idée de Géométrie, la Démonstration de

ce

ce genre la plus simple aura de la peine à s'y faire jour, bien loin d'y produire la moindre certitude. Un esprit métaphysique ne comprendra pas mieux la distinction des Personnes dans la Divinité, que la Révélation certifie; encore moins la présence réelle du Corps de CHRIST dans une oublie, qui fait un des Articles de la Foi du Catholique Romain. La certitude des Miracles de JESUS-CHRIST, telle que ni l'Histoire, ni la Physique, n'y puissent rien opposer de raisonnable, est pour un vrai Chrétien une *Démonstration Morale* de la vérité de sa Doctrine, aussi forte qu'on en puisse avoir en ce genre. Mais pour celui qui cherche en *Morale*, ou en *Histoire*, des *Démonstrations Géome-*

PENSE'ES PHILOSOPHIQUES.

L X.

Vous présentez à un Incrédule un Volume d'Ecrits, dont vous prétendez lui démontrer la Divinité. Mais, avant que d'entrer dans l'examen de vos preuves, il ne manquera pas de vous questionner sur cette Collection. ,, A-t-elle toûjours été la même? ,, (Vous

triques, dont ces Sciences ne font pas fus-
ceptibles, c'eft en vain qu'on exigeroit de
lui le plus bas dégré de Foi. Les Myftè-
res meme les plus fublimes, l'Incarnation
du Fils de DIEU, fa Conception du Saint
Efprit, fa Mort pour le falut du Genre
Humain, la Réfurrection de la Chair, les
Peines d'une autre vie &c. ont auffi leur
Démonftration fondée fur l'Autorité & la
Véracité de DIEU, parlant par la bouche
de fes Miniftres dans LES SAINTES E-
CRITURES, laquelle étant une fois bien
établie, comme elle peut l'être par les lumiéres de la Raifon, rend ces Vérités auffi certaines pour le Chrétien qui croit aux
ECRITURES, que peut l'être pour un
Mathématicien la Propofition de l'égalité
des trois angles d'un Triangle à deux
droits.

L X.

Il paroît de-là que la pleine perfuafion
du Chrétien, quant aux Dogmes révélés,
dépend uniquement des Preuves qu'il peut
avoir de la Divinité des SAINTES ECRI-
TURES, où font contenues les Vérités
qui font l'objet de fa Foi. ,, Mais (*di-*
,, *ra l'Incrédule*) ces Preuves n'étant fon-
,, dées que fur le témoignage des Hom-
,, mes, la Foi qui en réfulte, ne peut ê-
,, tre

,, (Vous demandera-t-il). Pourquoi
,, eſt-elle à préſent moins ample
,, qu'elle ne l'étoit, il y a quelques
,, ſiècles? De quel droit en a-t-on
,, banni tel & tel Ouvrage, qu'une
,, autre Secte révére, & conſerve tel
,, & tel autre, qu'elle a rejetté? Sur
,, quel fondement avez-vous donné
,, la préférence à ce Manuſcrit? Qui
,, vous a dirigé dans le choix que
,, vous avez fait entre tant de Copies
,, différentes, qui ſont des preuves
,, évidentes que ces Sacrés Auteurs
,, ne vous ont pas été tranſmis dans
,, leur pureté originale & premiére?
,, Mais ſi l'ignorance des Copiſtes,
,, ou la malice des Hérétiques, les a
,, corrompus, comme il faut que
,, vous en conveniez, vous voilà for-
,, cés de les reſtituer dans leur état
,, naturel, avant que d'en prouver
,, la Divinité: Car ce n'eſt pas ſur un
,, Recueil d'Ecrits mutilés que tom-
,, beront vos preuves, & que j'éta-
,, blirai ma croyance. Or qui char-
,, gerez-vous de cette reforme? L'E-
,, gliſe?

,, tre auſſi qu'une Foi humaine, c'eſt-à-
,, dire, foible, peu ſûre, & ſujette au
,, changement. " Cette Objection reçoit
encore un nouveau dégré de force par les
difficultés qu'il peut faire ſur le Recueil
qui conſtitue LES SAINTES ECRITU-
RES. ,, Par qui (*demandera-t il*) a-t-il été
,, compoſé? En a-t-on l'Original dans tou-
,, te ſa pureté? Eſt-il le même chez tous
,, ceux qui le prennent pour un Ouvrage
,, Divin? N'a-t-il reçu aucune altération
,, dans les différentes Copies qu'on en a
,, faites depuis pluſieurs ſiècles? Celles
,, que nous avons ſont-elles exemtes de
,, fautes? Au cas qu'il y en ait, par qui
,, & comment doivent-elles être redreſ-
,, ſées "? Sur tout cela il ſe préſente bien
des difficultés, qui étourdiſſent les foibles,
qui augmentent *le ſcandale du Juif*, qui af-
fermiſſent *le Grec* incrédule dans ſa *folie*
(a), mais qui étant examinées de près, a-
vec un eſprit droit & ſincère, laiſſent les
Vérités révélées dans ces ECRITURES,
& la foi qu'on y ajoûte, au deſſus de toute atteinte, quand même l'on ne pourroit
pas y ſatisfaire pleinement.

Le Corps entier de l'Egliſe Chrétienne
me préſente un Recueil qu'il dit contenir
toute ſa Religion. L'Equité & la Raiſon
veulent que je les en croie ſur leur ſimple

(a) I. Cor, I. 23.   pa-

„ glife ? Mais je ne peux convenir de
„ l'infaillibilité de l'Eglife, que la
„ Divinité des ECRITURES ne me
„ foit prouvée.   Me voilà donc dans
„ un Scepticifme nécéffité ”.

On ne répond à cette difficulté,
qu'en avoüant que les premiers fondemens de la Foi font purement hu-
mains; que le choix entre les Manufcrits, que la reftitution des Paffages,
enfin que la collection s'eft faite par
des Règles de Critique; & je ne refufe
point d'ajoûter à la Divinité des LI-
VRES SACRE'S un dégré de foi
proportionné à la certitude de ces
Règles.

LXI. C'eft

parole.   De quel droit pourrois-je le leur refuſer? La choſe ne demande pas même d'examen; à moins que tout le Corps ne démentît dans la ſuite ce qu'il auroit une fois déclaré, parce que chacun eſt libre de choiſir la Religion qu'il juge la meilleure.   Que ce Recueil ſubſiſte encore en original, ou que l'on n'en ait que des Copies & des Verſions; Que ces Copies ſoient écrites par une main, ou par une autre; Qu'elles ſoient imprimées en tel ou tel caractère, de telle ou telle forme, avec tel ou tel changement dans les termes de l'Original, qui n'en apporte aucun dans le ſens; Que ces variations ſoient de quelque conſéquence ou non pour le fond même des choſes; il n'en ſera pas moins vrai que ce Recueil, avec toutes ces diverſités, contient toûjours la Religion de celui qui le prend pour la Règle de ſa Foi, & l'on peut encore le lui accorder ſans autre examen. Qu'il prétende encore que ce Recueil necontient que la pure vérité; que les Auteurs qui l'ont compoſé, en tout ou en partie, étoient bien inſtruits des Faits, ou des Vérités, qu'ils y déclarent: Que tout ce qu'ils n'ont pu ſavoir par eux-mêmes, leur a été déclaré par des gens dignes de foi, ou révélé par le St. Eſprit, ſoit immédiatement, ſoit par la bouche de perſon-

fonnes envoyées de DIEU, & qu'ils ont
été dirigés par le même Efprit dans leurs
Difcours, ou dans leurs Ecrits, de manière qu'ils n'ont jamais donné l'Erreur ou le
Menfonge pour la Vérité, & par conféquent qu'on doit ajoûter à tout ce qu'ils
enfeignent une foi auffi entiere que fi c'é-
toient des enfeignemens émanés de DIEU
même; c'eft ici où doit commencer l'examen. Pour y réuffir, je m'informe d'abord
du nom des Auteurs à qui l'on attribue ce
Recueil, du tems où ils ont vécu, de la
connoiffance ou de l'intérêt qu'ils avoient
aux chofes qu'ils rapportent, de leur caractère, de leur probité, de leur réputation, du jugement qu'on a porté de leurs
Ouvrages dans le tems qu'ils ont paru, du
fuccès de leur narration, de leur capacité
à écrire, des fecours qu'ils ont eu pour le
faire, du but qu'ils s'y font propofés, des
avantages temporels qu'ils en ont retiré
&c. Si après une telle recherche, faite
avec tout le foin & toute l'attention dont
je fuis capable, je puis m'affûrer que ces
Auteurs ont dit & rapporté ce qu'ils ont
connu & cru être vrai, & que je puiffe
m'en fier à leur témoignage, autant qu'à
quel autre que ce foit; jufques-là le fondement de ma foi eft purement humain, &
fon dégré doit être *proportionné à la certi-*
tu-

tude du témoignage. Mais, si examinant
ensuite de plus près les chofes contenues
dans leurs Ecrits, je trouve que les Faits
font conformes à tout ce que l'Hiftoire
m'apprend de plus avéré, que les Vérités
font telles, que la Raifon la plus faine, &
la plus éclairée, ne peut que les adopter
& les approuver ; que les Préceptes font
juftes, couvenables à l'état de ceux à qui
ils font adreffés, ou à l'état de perfection
auquel je dois tendre ; je ne fais point de
difficulté de les recevoir avec un entier
acquiefcement. Enfin, fi dans ce qui m'eft
donné comme révélé & émané de DIEU
concernant les Faits paffés & à venir, les
Vérités à croire, les Devoirs à remplir, les
Biens à efpérer, les Maux à craindre,
non - feulement je ne vois rien qui ne convienne aux Perfections de DIEU & à fa
conduite envers les Hommes, mais que
de plus je fente que ces chofes révélées
étoient abfolument inconnues aux Hommes & au deffus de leur portée, que ceux
qui les ont annoncées comme divines,
n'étoient ni Fanatiques, ni hors de fens,
ni capables par eux-mêmes de les découvrir & de les publier, & que la plûpart
d'entr'eux ont de plus été doués de Dons
miraculeux & prophétiques, qui ne peuvent venir que de DIEU; je regarde alors

K

leur

leur témoignage comme divin , & la Foi fondée ſur de tels témoignages comme une Foi Divine.   Ce n'eſt plus du Recueil qui a été fait de ces Vérités dans un certain Livre nommé LA BIBLE , ni des variations qui ſont ſurvenues , ni même du nom des Auteurs auxquels on l'attribue, ni des Règles que l'on a obſervées dans les di-

PENSE'ES PHILOSOPHIQUES.

L X I.

C'eſt en cherchant des Preuves , que j'ai trouvé des Difficultés.   Les Livres qui contiennent les motifs de ma croiance , m'offrent en même tems les raiſons de l'Incrédulité.   Ce ſont des arſenaux communs.   Là j'ai vû le Déiſte s'armer contre l'Athée ; le Déiſte & l'Athée lutter contre le Juif ; l'Athée , le Déiſte & le Juif ſe liguer contre le Chrétien, le Chrétien , le Juif , le Déiſte & l'Athée , ſe mettre aux priſes avec le Muſulman ; l'Athée , le Déiſte , le Juif, le Muſulman , & la multitude des ſec-

différentes Copies ou Versions de cet Original, ou dans la restitution des Passages altérés, que dépend le dégré de ma Foi, mais de la certitude des Vérités qui y sont contenues, qui ne peuvent venir que de Dieu ; enforte que la Foi devient par·là *le fondement (a) des choses que l'on espére, & une preuve certaine de celles que l'on ne voit point.*

(a) Hébr. XI. 1.

L X I.

Quand une fois l'on a connu la Vérité, & que l'on s'est affermi dans cette connoiffance par un examen attentif, férieux & dépréoccupé, des preuves qui l'établif-fent, autant que la nature du fujet le demande, l'on ne doit plus fe laiffer ébranler par les difficultés que l'on y oppofe. Les plus avancés en connoiffance peuvent bien faire effai de leurs forces pour les réfoudre ; Mais fi, après des efforts fincères, ils viennent à fentir qu'il n'eft pas donné à l'Efprit Humain d'avoir des idées claires & complettes de toutes chofes, ils doivent fe contenter de ce qu'il a plû à Dieu de leur en faire connoître, ou par les lumiéres de la Raifon, ou par celles de la Révélation, en attendant que le tems de

la

Sectes du Christianisme, fondre sur le Chrétien, & le Sceptique seul contre tous. J'étois Juge des coups. Je tenois la balance entre les Combattans : Ses bras s'élevoient ou s'abbaissoient en raison des poids dont ils étoient chargés: Après de longues oscillations elle pencha du côté du Chrétien, mais avec le seul excès de sa pesanteur sur la résistance du côté opposé. Je me suis têmoin à moi-même de mon équité. Il n'a pas tenu à moi que cet excès ne m'ait paru fort grand. J'atteste DIEU de ma sincérité.

LXII. Cette

la Perfection soit venu , auquel *ce que (a)*
nous ne connoissons qu'imparfaitement sera abo-
li. A beaucoup plus forte raison est-il du
devoir de ceux qui sont encore dans l'enfance par rapport à la Religion , & qui
sont le plus grand nombre , de ne pas demander de la viande solide , ou des os à
ronger, pendant qu'ils sont encore au lait;
de peur que leur estomac accablé par une
trop dure digestion , ne leur fasse perdre
le goût des meilleurs alimens. Le plus sage parti qu'ils puissent prendre , c'est de
ne point se méler dans les Disputes des
Controversistes , ni comme Juges , ni
comme Parties, mais de s'en tenir au gros
de l'Arbre. L'Esprit de DIEU , qui est
l'Esprit de Vérité , ne sauroit se contredire: Ce n'est pas non plus un Esprit de dis-
sension, mais de paix. Assûrez-vous donc
premiérement de ce qui est clairement
connu par la Raison , ou révélé dans LES
ECRITURES : Tirez-en, si vous voulez,
les conséquences qui en découlent manifes-
tement aux yeux de tout homme raisonnable ; & tenez pour certain que tout ce
qu'on y oppose , comme tiré des mêmes
sources, ou n'a jamais été revélé, ou renferme un sens qui ne contredit point les
pre-

(a) 1. Cor. XIII. 10.

K 3

L X I I.

Cette diverſité d'opinions a ſait imaginer aux Déiſtes un raiſonne-ment plus ſingulier peut-être que ſoli-de. *Cicéron* aiant à prouver que les Romains étoient les Peuples les plus belliqueux de la Terre, tire adroite-ment cet aveu de la bouche de leurs

Ri-

premiéres Verités connues & révéleés.
C'eſt par ce ſeul moyen que le Chrétien,
non-ſeulement ſe mettra à l'abri de toutes
les Objections du Juif & du Mahométan,
& de toutes *les raiſons d'incrédulité* que l'A-
thée & le Déiſte prétendront tirer du même *arſenal*, ou du même Livre *qui contient
les motifs de ſa Croiance*, mais encore, qu'il
s'affranchira des doutes du Sceptique, &
rendra ſa Religion victorieuſe de toutes les
attaques de ſes Ennemis, avec la ſatisfaction d'avoir cherché la Vérité, de l'avoir
embraſſée & ſuivie, malgré toutes les op-
poſitions de la chair & du ſang. Heureux
qui peut ſe rendre ce glorieux témoignage
ſans varier, & qui trouve dans toute ſa
conduite des preuves de la ſincérité de ſon
examen, de ſa perſuaſion & de ſes diſcours!

L X I I.

Tout homme qui croit en DIEU, ou
qui admet des Révélations Divines, doit
par-là même reconnoître un Etre Suprême, de qui les Hommes dépendent, qui
ſe communique à eux, qui leur fait connoître ſa Volonté, qui les aime, qui veut
leur bien, qui pourvoit à leurs beſoins, à
qui ils doivent l'hommage de leurs reſ-
pects, de leur amour, de leur reconnois-

K 4

ſance

Rivaux. Gaulois, à qui le cédez-vous en courage, si vous le cedez à quelqu'un ? Aux Romains. Parthes, après vous, quels font les hommes les plus courageux ? Les Romains. Africains, qui redouteriez-vous si vous aviez à redouter quelqu'un ? Les Romains. Interrogeons à son exemple le reste des Réligionnaires, vous difent les Déistes. Chinois, quelle Religion seroit la meilleure, si ce n'étoit la vôtre ; La Religion Naturelle. Musulmans, quel culte embrasseriez-vous, si vous abjuriez Mahomet ? Le Naturalisme. Chrétiens, quelle est la vraie Religion, si ce n'est la Chrétienne ? La Religion des Juifs. Mais vous, Juifs, quelle est la vraie Religion, si le Judaïsme est faux ; Le Naturalisme. Or ceux (*continue Cicéron*) à qui l'on accorde la seconde place d'un consentement unanime, & qui ne cédent la premiére à personne, méritent incontestablement celle-ci.

F I N

DES PENSE'ES PHILOSOPHIQUES.

fance & de leur obéiffance; à qui de plus ils doivent rendre compte de leur conduite, & qui les jugera felon leurs œuvres. C'eft jufques où pouvoit aller la Religion Naturelle bien entendue, par le feul raifonnement, fans le fecours de l'éducation, ni d'aucune Révélation; ou fi avec cela l'Homme avoit encore eu befoin de Révélation, ce n'auroit été que pour prévenir fes chûtes, pour l'affermir dans fes démarches, pour augmenter fes connoiffances & perfectionner fon état. Ce fut auffi la premiére Religion dont l'Homme put faire ufage dans l'état d'innocence où Dieu l'avoit créé, & avec les Facultés dont Dieu l'avoit enrichi; & il y a toute apparence qu'elle lui auroit fuffi pour bien remplir fes Devoirs & parvenir à la Félicité qui lui étoit deftinée, s'il s'étoit appliqué à en fuivre les principes. Mais l'Homme aiant abufé de fa liberté pour fuivre fa volonté, plutôt que celle de fon Créateur, s'étant par-là abandonné à toutes fortes de defordres, qui ont corrompu fes Facultés; fon efprit aiant été rempli d'une infinité de préjugés, que les feules lumiéres de la Raifon ne pouvoient plus entiérement diffiper, & fon cœur affujetti à mille paffions que les mouvemens de la Confcience n'étoient pas plus capables de furmonter; il

eft

est visible qu'abandonné à lui-même dans cet état, bien loin de pouvoir jamais parvenir à la perfection, il ne lui étoit plus possible de se procurer le dégré de lumiéres & de sainteté qui fait le veritable bonheur. Pour cela il avoit besoin d'un secours surnaturel, qui lui faisant connoître la source de ses égaremens l'aidât à s'en retirer, & le remît dans le chemin que la Religion Naturelle lui indiquoit déja, & qui l'auroit conduit à la Félicité, s'il avoit voulu le suivre. C'est encore à ce but que doit tendre toute Révélation, que l'on suppose venir du même Bienfaiteur de qui l'on avoit reçu les lumiéres naturelles. C'est à ce caractère que l'on doit la reconnoître pour Divine. Si donc une Religion dite Révelée étoit en opposition avec les Principes fondamentaux de la Religion Naturelle, concluez hardiment que cette Révélation ne vient pas de l'Auteur de la Nature qui ne sauroit se contredire. Si au contraire cette Révélation bien entendue est non-seulement conforme à la Religion Naturelle dans ses principes & dans son but, mais que de plus elle fournisse de plus grands secours, des connoissances plus étendues & plus certaines, des motifs plus forts & plus efficaces, des moyens plus sûrs pour arriver au même but, que ne

peu

peut faire la Religion Naturelle ; concluez, avec encore plus de confiance, que si cette Religion révélée pose pour fondemens les mêmes vérités que la Religion Naturelle, c'est pour élever sur elles un édifice où la gloire de Dieu & le bonheur de l'Homme brillent encore avec plus d'éclat. Mais concluez aussi qu'il n'y a que la Religion Chretienne, puisée dans les Saintes Ecritures, à qui convienne ce divin éloge.

F I N

des Pense'es Chretiennes.

REFLEC-

REFLEXIONS

SUR LES

PENSE'ES PHILOSOPHIQUES.

SI ces Pense'es fourmiffent à ceux qui aiment la Vérité, de nouveaux motifs à
la chercher, & de nouveaux moyens pour
la découvrir, je les tiens pour excellentes.
Mais fi elles plaifent au plus grand nombre, parce qu'il croit y trouver des raifons
pour juftifier l'excès de fes paffions, des
prétextes à négliger la recherche des vérités les plus importantes comme trop difficile; Si en exténuant les preuves d'un
Dieu révélé aux hommes, comme vengeur
du Crime & remunerateur de la Vertu,
elles détruifent ou affoibliffent les motifs
que cette Révelation leur fournit de l'aimer & de le craindre, je conviens avec
l'Auteur qu'elles font déteftables.

Sur l'Article 1er.

Si l'on regarde ordinairement les Paffions de leur mauvais côté, C'eft qu'elles
se

se préfentent le plus fouvent de ce côté - là.
Pour un Citoyen qui s'eft immolé à fa Patrie, combien de Tyrans l'ont facrifiée à
leur ambition.   Pour un Caton & un Brutus, combien de Céfar, de Sylla, de Ca-
tilina? Qui fait même fi ces deux premiers
n'auroient point joué le rolle de Céfar,
s'ils euffent été dans les mêmes circonftances? Et pour un Amant prêt à mourir pour
fa Maîtreffe combien de furieux l'immole-
roient à leur jaloufie? Les paffions font
néceffaires, j'en conviens, mais non pas
les grandes paffions; Elles font plus de
mal que de bien dans la Société, elles portent le Scélerat aux plus grands excès, &
rendent la vertu romanefque.

Article 2me.

Des paffions médiocres, fi elles animent
un beau Genie, & de grands talens, fuffifent pour faire un homme extraordinaire.
De grandes paffions en troubleront fouvent l'exercice & feront commettre de
grandes fautes à celui qui en manque. Le
fentiment vif & une imagination forte
font l'excellence du Poete, du Peintre, &
du Muficien. Le defir du fuccès eft néceffaire, il eft vrai, pour les animer, mais
que produiroit ce defir fans ces fecours?

K 7   Rien

Rien que de médiocre.

Article 3me.

Quelle perte souffriroit la Société ou la Patrie de l'amortissement des passions ? Elle n'auroit peut-être pas des Citoyens zélés, au point de mourir pour sa liberté, mais cette liberté n'auroit point d'usurpateur à craindre. Si Rome n'avoit produit un César, quel besoin avoit-elle d'un Brutus ? Amortir les passions ce n'est pas les éteindre. Le Citoyen peut être zélé, l'Ami chaleureux, l'Amant tendre, sans faire de si grands sacrifices. Les éloges & les témoignages d'estime peuvent émouvoir un cœur, peu sensible d'ailleurs à la belle gloire.

Articles 4. & 5.

Si les passions sont à l'unisson, si l'Espérance est balancée par la Crainte, le point d'honneur par l'amour de la vie, le penchant au plaisir, par l'interêt de la santé, ce ne seront plus des passions fortes. D'ailleurs celles qui serviront à moderer la fougue des autres, retiendront souvent, quand il faudroit lâcher la bride. La Raison fon feule éclairée fur l'importance de leurs objets, fur la néceffité & l'obligation d'agir, peut la rètenir ou lâcher à propos & quand il le faut. Pourquoi dédaigner fon fécours? donneroit-elle auffi *de l'humeur?*

Ce qui caractérife les grandes ames c'eft une Raifon ferme, maîtreffe des paffions, qui ne s'altère point dans les douleurs & les revers & ne fe relâche point dans les plaifirs & la profperité. Scipion s'eft immortalifé par fa continence, comme par fes Victoires. Fabius dut fa gloire à fa prudence. Et Annibal ternit la fienne dans les délices de Capoue.

Articles 6. 7. 8. 9. 10. 11. 12.

S'il y a quelques expreffions dans les Livres Sacrés qui nous repréfentent le falut comme une porte étroite, c'eft pour nous exprimer le déréglement & le grand nombre de pécheurs, & non les bornes de la Mifericorde de Dieu qui s'étend en mille génerations. Celui qui a dit qu'il feroit auffi difficile à un Riche d'entrer au Royaume des Cieux, que de faire paffer un cable par le trou d'une aiguille, a dit auffi à cette occafion que rien n'étoit impoffible à Dieu. Si ces Livres le repréfentent comme un feu confumant, ce n'eft que pour

le

le pécheur impenitent : Car il eſt dit ailleurs qu'il a toûjours les bras ouverts prêts
à le recevoir, quand il ceſſe de l'être,
qu'il ne veut point la mort du pécheur,
mais ſa converſion & ſa vie; Ne nous ef-
farouchons donc point & ne nous faiſons
point un ſujet de ſcandale de quelques
portraits effrayants uniquement faits pour
ceux qui ne ſont ſuſceptibles que de crainte. Ces Livres nous en préſentent d'autres
en beaucoup plus grand nombre tirés d'a-
près nature & d'une grande beauté pour
ceux qui ſont capables d'amour. Les uns
& les autres étoient néceſſaires; Si la Penſée qu'il n'y a point de Dieu n'a jamais effrayé perſonne, elle doit affliger du moins
ceux qui s'en ſont faits de juſtes idées, &
qui ont fondé ſur elles l'eſperance d'un
bonheur avenir.

Articles 13. 14. 15.

Voilà, dit l'Athée, *ce que je vous objecte,
qu'avés vous à me repondre....* J'ai à vous
repondre que les mouvemens du Monde
Phyſique étant déterminés depuis la Création par des Loix dont ils ne peuvent s'é-
carter, l'ordre s'y ſoutient toûjours, mais
qu'il n'en eſt pas de même du Monde Moral. Il eſt compoſé d'Etres intelligens qui
ſe

se déterminent par leurs idées & leurs sentimens & qui demandent d'autres Loix conformes à leur nature. A cet égard le Créateur a fait tout ce qu'il pouvoit faire, il a imprimé en eux le penchant à vivre en Société, l'amour de l'estime, la crainte du mépris, la compassion, tous sentimens propres à les unir, & les perfectionner. Il les a rendus capables de discerner le vrai d'avec le faux, le juste d'avec l'injuste, ce qui leur sert d'avec ce qui leur nuit. S'ils faisoient un bon usage de leurs facultés, l'ordre règueroit toûjours dans le Monde Moral; Le desordre ne vient donc que de leur faute. Mais pourquoi, direz-vous, leur donner une faculté telle que la liberté, si elle leur est funeste? Parce qu'il falloit, ou ne pas créer des Etres intelligens, ou les faire tels qu'ils font, sans quoi cette intelligence leur seroit inutile, ce seroient des Etres d'une autre nature. Cette liberté source de leurs maux par leur faute devient aussi la source de leurs plus grands biens, je veux dire l'estime & l'amitié qui forme les Societés. D'ailleurs nous avons tout lieu de présumer que cette faculté sera dans une autre vie, comme dans celle-ci, le fondement d'une Société & d'une félicité, plus parfaite, destinée aux hommes par le Créateur, & dont nous

se-

ferions incapables fans elle. C'eſt un peut
être (me direz vous) je le veux, mais quelle preuve avez-vous des intentions favorables de ce Prince dans ce nouvel Arrêt qui
ſemble accabler ſon Peuple d'Impots? Sa
conduite, répondrez - vous, & ce qu'il a
fait pour lui en ſont garants. Pourquoi
donc refuſerez-vous de rendre la même juſtice a celui qui nous a donné l'Etre, &
tous les biens dont nous jouiſſons, & d'en
porter le même jugement?

Article 16.

A juger des hommes par leur conduite
on croiroit qu'il y a beaucoup d'Athées, &
peu de vrais Chrétiens. Mais à en juger
ſur les fondemens de leur Croyance il ne
peut y avoir de vrais Athées, parce qu'ils
n'ont aucune preuve, & il devroit y avoir
beaucoup de vrais Chrétiens parce qu'ils
en ont beaucoup.

Articles 17. 18. 19. 20. 21.

Si le mouvement eſt eſſentiel à la matière; bien loin que le Monde puiſſe étre
le reſultat du jet fortuit des Atomes, le
plus petit aſſemblage ne peut même en re-
ſulter, car elle ne peut être un ſeul inſtant
dans

dans un état de repos; Aucune de ses parties ne peut se fixer pour former avec un autre, un composé, qui doit se dissoudre par le mouvement continuel de ses parties, à mesure qu'il se formera; De plus l'Univers tant en détail que pris en gros, ne se conservant que par des mouvemens réglés & des loix invariables; telles que celles du choc des corps, de leur force & de leurs effets en raison de leur masse & de leur vitesse; quand le hazard auroit pu rencontrer la détermination & le degré de mouvement nécessaire, quand il auroit, dis-je, pu donner lieu aux Loix mêmes découvertes par Kepler, suivant lesquelles les Corps celestes se meuvent dans leurs orbes, & autour de leur Centre, & dont le moindre écart dérangeroit l'Univers; Ce même hazard auroit changé ses Loix peu de tems après, par des vitesses & des directions differentes ou oposées. Suivons plus loin le hazard dans son ouvrage. Comme la conservation d'un grand nombre des parties qui composent l'Univers, dépend de l'existence de plusieurs autres, elles ne pourroient avoir lieu par une formation successive. Car ces premiéres auroient peri avant que ces derniéres eussent existé. Les animaux ont besoin du Soleil, des plantes, de l'eau, sans quoi ils peri-

roient

roient dans peu. Il faloit donc que le hazard réuſſît à former toutes ces choſes d'un ſeul jet, ſans parler des autres parties de l'Univers qui ne ſe ſoutiennent que par leur union & le mouvement qu'elles ſe communiquent reciproquement. Que ſera-ce donc ſi vous m'accordez que l'Univers eſt infini. La difficulté de l'évenement ne devient-elle pas infinie par le nombre de ſes parties & peut-elle être compenſée par la multitude des jets?

Si ces raiſonnemens ont quelque ſolidité, il n'eſt point ridicule de lever la difficulté de la formation de l'Univers, telle que l'Athée l'imagine, par la ſupopſition d'un Etre qu'on ne conçoit pas mieux, puisque cette derniére ſuppoſition eſt ſimplement inconcevable, au lieu que la premiére eſt non-ſeulement inconcevable, mais impoſſible.

Enfin quand j'accorderois à l'Athée tout ce que je lui conteſte, je lui demanderai ſi la matiére a donné l'exiſtence aux Etres Intelligens. Si cela eſt, il faut que l'intelligence lui ſoit eſſentielle comme le mouvement: cela étant, l'Etre Eternel, intelligent, & materiel ſelon lui, c'eſt ce que j'appellerai Dieu.

Ar-

Articles 22. 23. 24.

Si le ton décidé & affirmatif d'un homme qui n'a point examiné eſt ridicule, ſi
celui d'un homme qui, après avoir examiné
même, voudroit impoſer aux autres la Loi
de penſer comme lui, revolte, l'indéciſion
de celui qui attendroit à ſe déterminer ſur
une affaire importante, qu'il eût une démonſtration ou un acquieſcement univerſel, tiendroit de la folie.

Articles 25. 26.

Un Enfant ne peut à la vérité concevoir ce qu'on lui diroit de l'eſſence de Dieu,
mais il peut ſentir les preuves les plus ſimples de ſon exiſtence, prendre des Idées
de ſa puiſſance, de ſa ſageſſe, de ſa juſtice, de ſa bonté. La Raiſon qui confirme-
ra cette croyance dans un âge mur, le
desabuſera de l'opinion des Eſprits folets &
des loups-garoux. Mais tout bien compté il vaudroit mieux qu'il crût l'un & l'autre que de ne rien croire du tout. Ce qui
eſt vrai & qu'il faut néceſſairement croire
ou ſavoir un jour, qu'importe que ce ſoit
par le préjugé de l'enfance, ou par l'étude des principes, ſi ce premier jette des

ra-

racines auſſi profondes, & peut s'affermir, bien loin d'etre détruit par la connoiſſance.

Article 27.

Reveillez par des paſſions fortes, cet imbecille endormi par l'ignorance & l'incurioſité, .& vous en ferez un inſenſé ou un fanatique.

Articles 28. 29. 30. 31. 32. 33. 34. 35.

Un Impie ſeroit à mon ſens, non celui qui contrediroit quelques opinions particulieres à chaque Secte, mais celui qui affecteroit d'ébranler & de combatre des vérités reçues de tous & qui découlent de l'idée que nous avons de Dieu, telles qu'une Providence, & une vie à venir.

Articles 36. 37. 38. 39. 40. 41.

Si quelqu'un annonce un fait contraire à la tranquilité publique, . dit l'Auteur, *le Gouverneur a droit de ſevir*. Je le veux parce qu'il eſt prepoſé pour la maintenir; mais il n'eſt pas établi pour ſoutenir la Religion dominante. Ce ſeroit très-ſouvent eriger un ignorant, & un Peuple de fanatiques en defenſeurs de la Vérité. *La*

La mode a bien changé fans doute. Autrefois le Philofophe Payen travailloit à éclairer fon efprit & à fe garantir des grandes paffions. Aujourd'hui le Philofophe Chrétien les croit néceffaires & goute le repos, & les douceurs de l'ignorance. Les Chrétiens des premiers fiècles fouffroient avec patience la perfecution; Ceux d'apréfent fe croyent en droit de la faire fouffrir à leurs fréres & de crier ôte, ôte, crucifie. Les Ninivites fe convertirent à la prédication de Jonas, mais Elie reviendroit aujourd'hui, feroit de grands prodiges, & ne couvertiroit perfonne.

Article 42.

Vous rejettez les preuves de la miffion d'un homme tirées des miracles parce que, dites-vous, avec cette preuve on démontre tout le faux comme le vrai. Et vous y fubftituez celle qui eft tirée de la conformité de fa doctrine avec la doctrine du peuple auquel il fe dit envoyé, ou avec la Religion dominante. Mais cette preuve fera également en faveur de fa Miffion, foit qu'il aprouve le Culte des faux Dieux chez le Peuple Chinois auquel il fe dira envoyé, foit qu'il vienne accomplir la Loi chez les Juifs ou perfectionner le Culte du vrai Dieu

chez

chez les Chrétiens. Elle n'eſt donc pas moins équivoque que celle qui eſt tirée des miracles.

On ne doit donc juger de la vérité de la miſſion d'un homme que par la conformité de ſa doctrine avec une doctrine démontrée vraie, ou avec les idées que nous devons avoir de Dieu, par ſa convenance avec les beſoins de l'homme, par les connoiſſances qu'elle lui donne ſur ſa deſtination ; ſon veritable bonheur, & les moyens d'y parvenir.

Si St. Paul prononce anathême contre un Ange qui s'opoſeroit à la Loi de Jeſus-Chriſt ; ce n'eſt point parce que ſa doctrine n'y ſeroit pas conforme, mais parce qu'elle ne pourroit qu'être fauſſe, celle de Jeſus Chriſt étant vraie.

Pour en venir aux Miracles, ſi je conviens qu'on ne peut les recevoir pris ſeuls, comme preuves de la miſſion d'un homme, je ne conviendrai pas qu'il faille les rejetter quand ils ſont apuyés de la verité de la Doctrine, au contraire.

Un homme ſe dit envoyé de Dieu & tenir ſa doctrine de lui ; Elle porte effectivement les caracteres de ſon Auteur. Ceux qui ſont capables de juger, de ſon excellence pouront juger de la verité de la miſſion, mais ils ſont le plus petit nombre. D'ail-

D'ailleurs fi , comme vous le dîtes, le caractère de la Divinité n'eft pas fi bien empreint en elle qu'elle n'ait befoin d'autorité , on la traitera de Doctrine purement
humaine. Il eft douc néceffaire pour la
faire recevoir qu'elle foit revêtue d'une
autorité fuffifante appuyée de témoignages
à la portée de tous ceux à qui elle eft prêchée, qui la leur rende facrée & l'obligation de fuivre fes préceptes plus étroite &
plus inviolable ; Or rien n'étant plus propre à cela que des faits merveilleux qui
prouvent en même tems l'intention bienfaifante & le pouvoir de celui qui les
opère ; pourquoi Dieu qui veut fon établiffement ne voudroit-il pas auffi tout ce
qui eft néceffaire pour le faire réuffir ? Il
hait le menfonge, il aime la vérité; la
même raifon qui nous porte à rejetter comme faux & impofteurs tous faits extraordinaires qui tendent à établir une Doctrine
fauffe & pernicieufe parce qu'elle ne peut
venir de lui, veut auffi que nous regardions
comme poffibles & opérés par fon pouvoir
tous ceux qui fervent à fonder une Doctrine vraie , utile aux hommes & pour laquelle
il s'intereffe. La Doctrine fert à nous faire
juger de la réalité des Miracles, les Miracles
à prouver la Divinité de la Doctrine , & les
deux pris enfemble la vérité de la Miffion.

L

Ar-

Articles 43. 44. 45.

Nous ne manquons pas d'Historiens pro-fanes qui raportent des faits liés avec plu-fieurs autres qui font l'effence de l'Hiftoire Sacrée, & qu'ils fuppofent néceffairement. Je puis avec raifon mettre dans le même rang, les Hiftoriens de notre parti qui n'en ont pas toujours été & qui étoient nés & élevés dans des préjugés tout opo-fés. Leur changement ne donne-t-il pas à leur témoignage un poids égal à celui des Hiftoriens profanes?

Article 46.

Qu'il fe trouve un Sceptique, fans pré-vention contre cette Hiftoire, fans interêt à prendre un parti plutôt qu'un autre, a-vec affez de courage pour ne pas craindre le reproche de Crédulité ou de Superfti-tion, qu'il veuille bien examiner l'Hiftoire du Meffie dans tous fes détails, le Carac-tère, l'Efprit qui règne dans fa conduite, dans fes difcours, celui des Auteurs de cette Hiftoire, des témoins qui affurent l'avoir vu & ouï ; la Doctrine qu'ils ont prêchée, fa fimplicité à la portée de tous les ordres, fon but, fon établiffement, les

obfobſtacles qu'elle a ſurmontés & par quels moyens; ſi, dis-je, il veut entrer dans tous ces détails, il avouera, je m'aſſure, que ſi cette Hiſtoire eſt fauſſe, l'habileté de ſes Inventeurs à perſuader, & la crédulité des gens de tous ordres à recevoir u-. ne Morale ſi ſévère & ſi opoſée aux penchans naturels dans quelques - uns de ſes préceptes & à croire des faits & des vérités qui faiſoient le Scandale des Juifs, & que les Grecs traitoient de folie, & dont la confeſſion expoſoit les biens, la liberté & la vie de ſes Sectateurs: Il avouera, dis-je, que la conſtance de ces derniers, malgré la perte de toutes ces choſes, & que l'acroiſſement de cette Religion pendant tant de ſiècles, tiennent du prodige. On ne peut donc, que reconnoître du merveilleux & du ſurnaturel, ou dans l'origine de la Religion Chrétienne ſi la Miſſion de Jeſus - Chriſt eſt vraie, ou dans ſes progrès & ſa propagation, ſi cette Miſſion eſt purement humaine.

Articles 47. 48. 49.

Toutes les Relations & les témoignages authentiques de faits merveilleux reconnus pour faux, rendent, il eſt vrai, juſtement ſuſpect tout ce qui porte le nom de Miracle,

cle, & légitiment les doutes & la défiance ; mais on n'en doit pas absolument conclure qu'il n'y en ait jamais eu de réels, & que tous les Miracles sans exception n'étoient que des apparences, ou des effets de l'imposture. Est-ce donc que parce que nous avons lû de fausses relations de voyages & quantité d'Histoires fabuleuses données pour vraies, on ne doit compter sur aucune, & rejetter sans exception tout ce que nous n'avons pas vû de nos yeux ? La Déification de Romulus tirée de Tite-Live & amplifiée par l'Auteur de quelques circonstances qui font allusion à celles de l'Ascension de Jesus-Christ exprimée dans des termes tirés des Livres sacrés, sert plus à faire connoître l'intention du Traducteur qu'à la remplir.

Article 50.

Vous demandez une Démonstration, vous m'assurez qu'un Syllogisme vous terrasseroit & vous rendroit mon proselyte. *Mais*, dites-vous ailleurs, *un sophisme peut affecter plus vivement qu'une preuve solide. Vous trouverez légère une raison qui m'écrase. Rien n'est plus difficile que de peser les raisons, il n'est point de questions qui n'ait le pour & le contre & presque toujours également.*
Voi-

Voilà le langage du Sceptique. Il ne fait aucun cas de preuves métaphysiques, il compte à peine sur le rapport de ses Sens, quoi qu'il tienne d'eux toutes ses connoissances. Ce sont là ses dispositions. Et voilà l'homme dont je dois faire mon profelyte. Les Scribes demandoient un Miracle, Jesus-Christ connoissant leur Esprit le refusa. Le Sceptique demande un argument, & qui oseroit se flater de l'éclairer ? je tenterois plutôt d'ouvrir les yeux d'un aveugle.

Articles 51. 52. 53. 54. 55.

Un homme qui nie la réalité d'un fait extraordinaire contre le propre témoignage de ses yeux & de ses oreilles quand il n'a aucun lieu de soupçonner de l'imposture, ne le peut, à moins qu'il ne soit convaincu de son absolue impossibilité. Mais le Sceptique qui se pique d'un examen profond & desinteressé, qui compte & qui pèse les raisons, qui pousse la circonspection jusques à douter si la formation de l'Univers par le hazard n'est point au rang des choses possibles, decidera-t-il le contraire sur les Miracles ? Si cela est, je m'attends à des raisons démonstratives de sa part.

Mais

Mais eſt-il démontré que le Maître de l'Univers ne veuille jamais ſuſpendre l'effet de ſes Loix par quelque raiſon que ce puiſ-ſe être? Qu'il ne touchera jamais à l'ordre phyſique, quoique l'ordre moral plus di-gne de ſes ſoins l'exige? Eſt-il naturel de penſer que celui qui a bien voulu donner l'être à des Créatures intelligentes ait bor-né des bienfaits qui ne lui coutent rien, à une vie ſi courte & plus mêlée de peines que de plaiſirs? Si au contraire, comme nous devons le preſumer de ſa ſageſſe & de ſa bonté, il a des vûes plus étendues, plus dignes de ſa magnificence & de ſa li-beralité, eſt-il incroyable qu'il veuille les faire connoître & en aſſurer les hommes par des moyens extraordinaires, propor-tionnés à ſes vûes, & les ſeuls qui puiſſent remplir ſon but? Qu'il le faſſe enfin par le Miniſtère d'un homme revêtu d'un carac-tère & d'un pouvoir qui porte le ſceau de ſa Miſſion?

Articles 56. 57. 58. 59.

On ne demande point au Sceptique qu'il s'en raporte ſans examen, à l'exemple, à l'autorité, aux Miracles quelque authenti-ques qu'ils paroiſſent. Ce ſeroit rendre ſuf-pectes les preuves de la Revelation. La
Rai-

Raifon doit juger en dernier reffort, il eft vrai; Mais elle n'eft pas toujours à portée de juger par elle-même & de faire feule le croyant, à prendre ce terme dans le fens de l'Auteur. Quand il s'agit de Droit & de Dogme, elle juge alors par fes propres yeux, parce qu'elle a fous les yeux les principes & les conféquences; elle ne croit point alors parce qu'un autre a cru, mais parce qu'elle a vû. Il n'en eft pas de même en matiere de fait. Elle eft obligée de voir fouvent par les yeux d'autrui. Il eft vrai qu'elle doit examiner s'ils font bons, s'ils n'ont point été fafcinés, & toutes les circonftances qui rendent un témoignage plus ou moins recevable. Dans ce premier cas je ferai Chrétien, & je croirai ce Dogme vrai, non parce que St. Auguftin a cru, mais parce que le raifonnement me l'a demontré. Dans le fecond je ferai Chrétien & je croirai ce fait vrai, parce que St. Auguftin témoin oculaire, éclairé, non crédule, non prevenu, non intereffé au fait, étoit Chrétien & a cru. Et parce qu'il eft également raifonnable de croire dans ce cas comme dans l'autre.

Article 60.

Si notre Croyance ne pouvoit fe foute-

nir

nir que par une concordance parfaite, de tous les manufcrits, fur tous les points qu'ils contiennent, fur les Dogmes & les Myſtères comme fur le reſte, je la croirois aſſez chancelante, mais ſon principal objet étant l'Hiſtoire du Meſſie, ſes Miracles, ſes préceptes, ſes promeſſes fur une félicité future, & les manufcrits s'accordans fur tous ces Articles, à l'exception de quelques circonſtances peu eſſentielles. Leur variation fur le reſte, ne nous donne aucun ſujet de doute fur ce dont ils conviennent. Réduiſez votre Croyance à ſon objet eſſentiel, & vous en leverez une multitude de difficultés, d'incertitudes, & de controverſes.

Article 61.

Toutes les Sciences n'ont-elles pas leurs difficultés preſque inſurmontables, vû l'ignorance des premiers principes ou des faits qui ne ſont pas parvenus juſques à nous? Combien de propoſitions démontrées en Mathématique même, auxquelles on fait des objections qui ne peuvent être reſolues? Elles n'en ſont pas cependant moins vraies.

Les Difficultés ne ſont donc point des ſujets & des raiſons de douter de ce qui eſt d'ailleurs prouvé. Si vous avez trouvé

des

des difficultés en cherchant des preuves, je puis aſſurer avec la même bonne foi, avoir trouvé de nouvelles preuves, en cherchant la ſolution des difficultés.

Article 62.

Interrogez, dit-on, *tous les Sectateurs des differentes Religions ſur celle qui eſt la meilleure, ils conviendront tous qu'après la leur c'eſt la Religion naturelle.* Et l'on en conclut qu'elle l'eſt effectivement.

Mais il n'eſt point ici queſtion d'oppoſition entre la Religion Naturelle & la Religion Chrétienne, puiſque celle-ci n'eſt que la premiére perfectionnée. La queſtion eſt de ſavoir laquelle des Révélations eſt la meilleure & la plus conforme à la Religion Naturelle. ·Interrogez là-deſſus tous les Religionaires différens, en leur expoſant les principes eſſentiels & les préceptes de la Révélation Chrétienne & je m'aſſure qu'ils répondront que c'eſt elle, après la leur. La Religion & les lumiéres Naturelles nous aprennent qu'il y a un Dieu, que nous devons aimer & craindre ſur toutes choſes: que nous devons être juſtes, bienfaiſans, & moderer l'excès de nos paſſions comme nuiſible. La Révélation Chrétienne nous aprend qu'il n'y a

L 5

qu'un

qu'un Dieu, que nous devons l'aimer de tout notre cœur & notre prochain comme nous-mêmes; Vivre religieusement, justement & sobrement. Elle nous exhorte à la charité, à l'aumône, à la patience, au suport, au pardon des injures, à la politesse même. Elle nous éloigne des plaisirs grossiers & brutaux, & nous dispose aux plaisirs de l'esprit plus dignes de l'homme. La Religion Naturelle nous dit que Dieu étant Esprit n'a pas besoin de nos dons & de nos sacrifices; que notre obéissance est le meilleur Culte que nous puissions lui rendre. La Révélation nous dit aussi que Dieu veut être servi en esprit & en vérité; que ce ne sont pas ceux qui lui disent *Seigneur*, &c. mais ceux qui font sa volonté qui lui sont agréables; que la distribution de tous nos biens aux pauvres, & le sacrifice de notre vie même, tout cela sera compté pour rien si nous manquons de Charité. Les lumieres naturelles nous font entrevoir & esperer une vie à venir, dans laquelle les gens de bien & les scelerats doivent avoir un sort différent. La Révélation nous aprend que les justes jouïront après la mort d'une grande felicité, & que les pécheurs seront précipités dans une grande misère.

Je

Je finirai par une réfléxion générale fur ces *Penfées*. Quand la Révélation feroit une chimere, quel important fervice le Déifte rendroit-il au Monde Chrétien en le defabufant, fi ce n'eft la trifte liberté de perdre bien fouvent les avantages de la fanté, de la fortune & de la réputation en fe livrant avec plus de confiance aux paffions & aux plaifirs? N'eft-il pas de l'interêt de la Société que les fcelerats foient détournés du crime par la crainte des maux à venir & les honnêtes gens encouragés à la vertu par l'efpérance des biens que cette Révélation nous annonce. Si elle exige en certains cas quelques facrifices; le point d'honneur, des projets d'établiffement, & le commerce du Monde en exigent fouvent de plus grands encore, & le Joug de Jefus-Chrift n'eft ni plus pefant ni plus difficile.

Si le Déifte croit avoir fait des découvertes qu'il en tire le meilleur parti qu'il pourra, à la bonne heure; mais la fatisfaction d'étaler la force de fon genie en les répandant, me paroît trop mince pour entrer en comparaifon avec les reproches qu'il auroit à fe faire (fi la Révélation eft vraie) d'avoir travaillé à ruïner l'œuvre de Dieu, & traverfé fes vûes.

F I N.

L 6

T A-

TABLE

DES

MATIERES

Pour les PENSE'ES PHILOSOPHIQUES, *telle qu'elle est dans l'Ouvrage même imprimé à Paris.*

Le chiffre Romain indique l'Article & le chiffre Arabe la page.

A.

ABBADIE.   LIX. 206
Alcoran.   XLIV. 142
Analyse des jeux de hazard.   XXI. 64
Apôtres.   XLV. 146, 148
ARNAUD.   XIV. 26
ATHANASE (S.)   LVI. 198
Athées, leurs raisonnemens.   XV. 36
Athées, vrais.   XXII. 76
Athées, Sceptiques.   XXII. 76
Athées, fanfarons.   XXII. 76
Athéisme moins injurieux à Dieu que la Superstition.   XII. 32
Augure.   XLVII. 164
AUGUSTIN (Saint) XLVII. 164 LI. 184 LVI. 198
Autel élevé à un Augure.   XLVII. 166
Auteurs Sacrés.   XLV. 146
Autorité fait des Hypocrites.   LVI. 202
Autorité ne prouve guères contre un Philosophe.   LVI. 198

B. BAY-

B.

BAYLE. LVIII. 206
BECHERAND. LIII. 190, 192
BERRUYER. XLV. 146
Bible. XLV. 146
BRITANNICUS. XV. 38

C

CAhos, fa durée plus incomprehenfible que la naiffance du Monde. XXI. 68
CALAME (Prêtre de). LI. 184
Calvinifte. XXXV. 114
CESAR. XLV. 146
CARTOUCHE fait leçon à Hobbes. XVII. 44
Caractère peureux. XXVIII. 96
Chefs des premiers Chrétiens. XLIII. 134
Chevaliers Romains. XLVII. 164
Chrétien, qui fe peut glorifier de l'être. XXXVIII. 122
——— trop zelés. XLIII. 134
——— Premiers Chrétiens. Ibid.
——— femblent ignorer leur force. LVII. 202
——— Martyres & actions. XLV. 150
——— Impie comme un autre. XXXV. 114
Chriftianifme n'eft pas démontré. LIX. 208
——— caufe des troubles. XLIII. 134
CHRYSOSTOME. LVI. 198
CICERON cité. XLVII. 166 LXII. 222
Cité de Dieu, citée. LI. 184, 186
Controverfiftes. XV. 40
Crainte & effroi de Dieu. IX. 24
CUDWORTH. XIII. 34
Culte reçu par éducation. XXXVII. 120
CYPRIEN. LVI. 198

D. Dan.

D.

Danger à croire trop & trop peu. XXXIII. 108
—— à écrire fur certains fujets. LVIII. 204
Déifme, fes avantages fur l'Athéifme. XIII. 32
Déiftes LXI. 218. Raifonnement fingulier. LXII.
222
Démonftration de l'exiftence de Dieu. XX. 54
Démonftrations ne font pas toutes de même force.
LIX. 208
Denys d'Halicarnaffe. XLVII. 166
Descartes. XX. 56 LVIII. 206
Devotion trifte XI. 28. Enjouée. XI. 30
Devots ne s'entendent pas. XXXVI. 116
Diable. XLVII. 170
Dieu VII. 22 VIII. IX. 24 qu'eft ce XXV. 86 on
en parle trop tôt XXVI. 88 danger qu'il y a
XXV. 86 on n'infifte pas affez fur fa préfence.
XXVI. 90
Divinité des Ecritures. XLV. 144, 146
Doctrine épreuve des miracles. XLII. 128
Dogme. XLII. 128
Donat. XLIV. 142
Doute néceffaire. XXXI. 100

E.

Ecritures Saintes. XLV. 146
Edit de l'Empereur Julien. XLIII. 134
Eglife ne peut juger. LX. 214
Egyptiens. LVI. 200
Elie. XLI. 126
Enfans élevés par Montagne. XXIV. 84
Enthoufiafte. XXXIX 124
Erreur pardonnable. XXIX. 100
Efprits différens XXIV. 82. Bouillans XXVII. 96
Foibles XXXIV. 112 Forts. XLIX. 176
Evangeliftes. XLV. 146
Examen d'un raifonnement. XXI. 64

Exemple fait des dupes.   LVI. 202

F.

FAits, comment en juger.   XLVI. 152
—— incroyables. XLVI. 154   XLVIII. 170
Fanatique.   XXXVIII. 122
Fanatifme.   LV. 194
Foibleffe de la raifon.   XXIX. 100
Foi inebranlable.   L. 180

G.

GALILEENS, turbulens XLIII. 134 Exilés
136 rappellés.   136
Germes, découverte utile.   XIX. 52
GREGOIRE le Grand.   XLIV. 142

H.

HARTSOEKER.   XVIII. 48
HENRIADE.   XXI. 64
Hiftoriens Profanes.   XLV, 146
—————— leur témoignage.   XLVI. 154
HOBBES.   XVII. 44
HOMERE.   XXI. 64
HUET.   LIX. 206

J.

JANSENISTES.   LI. 186
Idée finguliere fur la prefence de Dieu. XXVI. 90
JESUS-CHRIST.   XLII. 128 XLV. 150
Ignorance & incuriofité.   XXVII. 94
ILIADE.   XXI. 64
Impiété.   XXXV. 114
Impunité.   X. 28
Incrédulité vice & défaut.   XXXII. 108
Indécifion.   XXVIII. 98

Infenfé.   XXXVIII. 122
Infpiration.   XLV. 146
JONAS.   XLI. 126
JOSEPH.   XLV. 146
Irreligion.   LVI. 198
JULIEN.   XLIII. 134, 140

L.

LACTANCE.   XLVII. 166
LA FONTAINE.   XIV. 36
LA MOTTE.   XIV. 36
LOCKE.   LVII. 206
Logique.   LII. 188

M.

MAHOMET.   XL. 124 L. 178
Martyr.   XXXVIII. 122 XXXIX. 124
MESSIE.   XLII. 128
Métaphyfique.   XVII. 44
Miniftres.   LVI. 198
Miracles.   XLII. 128 L. 178, 180 LIII. 190
Miffionaires.   XXXVI. 116
MOLINISTES.   XXXV. 114 LI. 186
Monde.   XVIII. 48
MONGEROND.   LI. 184 LIV. 192
MONTAGNE.   XXIV. 84 XXVII. 94 LVIII. 206
Mofquée.   XL. 124
MOISE.   XLII. 128 XLV. 146
MUSCHEMBROEK.   XVIII. 48
MUSULMAN. XXXV. 114 XXXVII. 120 XLIV. 142

N.

NAVIUS.   XLVII. 164 & 166
NERON.   XV. 38
NEWTON.   XVIII. 48 XX. 62
NICOLE.   XIII. 34 XIV. 36
                                          NIEU-

PENSE'ES PHILOSOPHIQUES.

Nieuwentit.   XVIII. 48
Ninivite.   XLI. 126
Notions privilegiées.   XXXIV. 114

O.

ONtologie.   XIX. 50

P.

PAcome.   VI. 20
Papistes.   XXXV. 114
Paris.   LIII. 190
Pascal.   XIII. 34
Paſſions, ſource de bien & de mal.   I. 10
———— en general.   I. 12
———— Sobres.   II. 12
———— amorties.   III. 14
———— Fortes.   IV. 16
———— indelebiles.   V. 16
Paul.   XLII. 128 LVI. 198
Peines éternelles & finies.   X. 28
Peres de l'Egliſe.   XLIV. 142 XLVII. 170
Philoſophes.   XLVII. 170
Phyſique expérimentale.   XVIII. 46
Pyrrhonien.   XVII. 44 XXX. 102
Platon.   LII. 188
Plutarque.   XII. 32
Polieucte inſenſé.   XL. 124
Ponce Pilate.   XLV. 150
Préjugé favorable.   XLIX. 174
Préſence Divine.   XXVI. 90
Probité du Déiſte.   XXIII. 78
Probité du Sceptique.   XXIII. 80
Probité de l'Athée.   XXIII. 80
Proculeius.   XLIX. 172
Prodiges font des dupes.   LVI. 202
Profeſſion de foi.   LVIII. 206
Prophetes.   XLII. 128 XLV. 146, 148
                                Q. Quin.

Q.

QUINTUS frere de Ciceron.   XLVII. 166

R.

RAifon, fes avantages. L. 178 fa force LII. 190
————— fait des croyans.   LVI. 202
Revelation, fon tems paffe.   XLI. 124, 126
ROMULUS.   XLVII. 164 XLIX. 172
Règle pour juger des prodiges.   XLVI. 154

S.

SACY (de).   XIV. 36
SLUSTE.   XLV. 146
SCEPTIQUE.   XIX. 50 XXVIII. 96 XXX. 102
    LXI. 218
Scepticifme, premier pas, vers la vérité. XXXI. 106
————— Qualités qu'il exige.   XXIV. 82
————— Garentit de l'erreur.   XXXIII. 108
————— favorable a la vérité. *Ibid.*
————— Salutaire.   XXXVI. 116
Semi Scepticifme.   XXXIV. 110
Sens.   LII. 190
Sentiment de l'Auteur.   *Avis.* 14
S. . . . Caractères.   XIII. 32
Société.   VI. 20
Solitaires.   VI. 20
Stylites.   VI. 20
Suffifance dogmatique.   XXIV. 84
Superftition. XI. XII. XIII. 28. 32. 34. XLVII. 166

T.

TAbleaux peints par les Anges.   XLV. 146
TARQUIN.   XLVII. 164
Temples (inconveniens des).   XXVI. 90

PENSE'ES PHILOSOPHIQUES.

Tertullien.   LVI. 198
Tite-Live.   XLV. 146 XLIX. 174
Tradition Fabuleuse.   XLV. 148

V.

Vanini.   XIII. 34
Vérité, difficile à trouver.   XXIX. 100
Voltaire (de).   XXI. 64

Z.

Zèle hors de mode.   XL. 124

Fin de la Table des Matieres des Pensées Philosophiques

TABLE

DES

MATIERES

Pour les PENSE'ES CHRETIENNES.

Le chiffre Romain indique l'Article & le chiffre Arabe la page.

A.

ADDISON cité sur les témoignages rendus par les Auteurs Prophanes à la Religion Chrétienne. XLV. 147

Anachoretes, ce qui rend leur vie digne d'estime ou de mépris. VI. 19 n'est pas un état de perfection. 21

Argument ad hominem, sa force XVII. 45 Deux espèces *Ibid.* Contre qui peuvent être employées. *Ibid.* Employé contre l'Auteur des Pensées Philosophiques sur la Resurrection de JESUS-CHRIST. XLVI. 160 *& suivans*

Ascension de JESUS-CHRIST, son histoire, comparée avec celle de l'enlevement de Romulus. XLIX. 173

Athées : raisonnemens propres à les ramener de leur erreur. XV. 37 XVIII. 47. De toute espèce connue doivent être bannis de la Société & détestés. XXII. 75, & 77. En quel cas peuvent être punis corporellement. XV. 39 Véritables *Protées* en fait d'argumens pour & contre la Religion. XX. 55

Athéisme, en quoi plus contraire à la Divinité que la Superstition. XII. 33

Au-

Auteurs de différens partis qui ont travaillé à établir la vérité de la Religion Chrétienne. LV. 197
Profanes qui rendent témoignage aux Auteurs Sacrés.   XLV. 147
Autorité souvent employée au défaut de raison.
                                                 LVII. 203

B.

BERRUYER Jesuite, son Histoire du Peuple de DIEU, si elle mérite d'être préferée à celle de MOISE. XLV. 147 son Stile empoulé & romanesque.   *Ibid.*

C.

CHarité, (manque de) autant pernicieux à la Religion, que l'Athéisme & la Superstition. XI.
                                                               31
Chrétien. Avantages qu'il a sur tous les ennemis de la Religion. XIII. 35. Le véritable ne doit pas toujours courir à la mort XXXIX. 125 Fondemens de sa foi & de sa conduite   LVII. 205
Ciceron cité sur le miracle attribué à l'Augure Navius.   XLVII. 165
Crédulité, quand vicieuse. XXXII. 109. Moyen de s'en garentir, sans tomber dans le Scepticisme.
                                                 XXXIII. 111
Croyant, ce qui fait le vrai   LVI. 199 *& suiv.*
Curiosité concernant son origine & sa fin, toujours louable.   XXVIII. 97

D.

DEistes, vrais dans le meilleur sens, comment devroient raisonner.   XIX. 55
Démonstrations, il en est de plusieurs espèces également solides, selon la nature du sujet & la maniere de l'envisager.   LIX. 207, 209
DESCARTES, son raisonnement pour l'existence
                                                  de

de Dieu expofé. XVIII. 47. Conféquences qu'on
en peut tirer   47, 48
Devots, le doute qu'on leur impofe pour s'affurer
de la vérité de leur Religion , impraticable
XXXVI. 127
DIEU, idée qu'on doit s'en faire pour être heureux IX. 25 & 27 Preuve fans replique de fon e-
xiftence, confideré comme premier Etre intelligent XV. 39. Retorfion de l'Athée a cette preuve XX. 57. Subterfuges du Déifte pour en elu-
der les conféquences. *Ibid.* Quand & comment
il convient d'en parler aux Enfans XXV. 87. Sa
bonté & fa toute-prefence doivent fur-tout leur
être iuculquées XXVI. 91. Sa toute-préfence
comment doit être envifagée   XXVI. 91, 93
Doute univerfel, hypothefe extravagante & infoutenable XXXVI. 117. Contraire à une éducation Chrétienne   XXXVII. 121
Douter de tout & ne douter de rien, milieu à garder entre ces deux extrêmes   XXX. 103
E.
ECriture (Ste.) fa Divinité en quoi confifte. XLV.
147 Preuves externes qu'on en peut avoir. *I-
bid.* Les preuves de cette Divinité, font le fondement de la foi du Chrétien LX. 211. Difficultés fur ce fujet refolues.   *Ibid* & 213
Errans ne doivent être ramenés à la vérité ni par
les peines ni par les injures   XV. 39
Examen fondé fur des vérités connues, feul moyen
de produire une foi éclairée & de fe garentir de
l'Erreur & du Vice XXXIII. & XXXIV. 111, 113

F.

FAits merveilleux qui depofent en faveur d'une
Religion, s'ils font plus ou moins propres à
convaincre de fa vérité que le raifonnement L.
179 & 181. Fauffes fuppofitions de l'Auteur des
Penféés Philofophiques fur ce fujet *Ibid.* Bien
prou-

prouvés fervent de principes feconds en confé·
quences.   *Ibid.* 183
FENELON cité   XXV. 89
Foi du Chrétien fondée fur la Divinité des Ecritures. LX. 211 à quel égard cette foi peut être
appellée humaine 216 à quel égard elle déman-
de un entier acquiefcement 217 à quel égard elle
peut·être appellée Divine. *Ibid.* Ne doit point
être ébranlée par les difficultés qu'on y oppofe
                                           LXI. 219

G.

GREGOIRE I. defapprouvé dans le mépris
qu'il a témoigné pour l'etude de l'antiquité
Profane   XLIV. 145

H.

HArmonie entre les paffions fortes impoffibles
IV. 17 entre elles & leur objet, convenable.
                                           Ibid.
HOUTEVILLE (L'Abbé d') Auteurs par lui cités
fur le caractère des vrais miracles   LI. 187

I.

JEAN (St.) fon ftile comparé avec celui des Pêcheurs   XLV. 147
JESUS CHIST, fes miracles lui ont fait plus de
difciples que fes inftructions. L. 183 Sa refurrection atteftée & conftatée, autant qu'aucun
fait puiffe l'être. XLVI. 156 & *fuiv.* Objections
des Incrédules contre ce fait, refutées. *Ibid.*
157 & *fuivans.* Nouvelles raifons qui en dé·
montrent la certitude XLVII. 169 Caractères
qui la mettent au deffus de toute fuppofition.
                                           XLVIII. 171 & 172
Ignorance, fon aveu quelquefois louable. XXVII.

95 s'en faire un mérite, toujours blâmable. 97

Iliade d'HOMERE, formée par un jet fortuit des lettres de l'Alphabet, poffible felon les Déiftes XXI. 65 Extravagance de cette idée. *Ibid & fuivans.*

Images de la Divinité, la défigurent XXVI. 95

Impieté dont les hommes fe chargent reciproquement, qui doit en juger? XXXV. 115

Impunité contraire a la juftice X. 29

Incertitude perpetuelle, écueil à éviter dans la recherche de la vérité XXIV. 43. Inconveniens qui en naiffent XXIV. 85. Moyens de s'en garentir. *Ibid.* & XXXIII. 113

Incrédules, de véritables Protées XX. 55

Incrédulité, quand blâmable XXXII. 109

JUIFS devoient croire à JESUS-CHRIST, par la même raifon qu'ils ont cru à MOISE XLII. 129, 191

JULIEN (dit l'Apoftat) en quoi mérite d'être éftimé & imité par les Princes Chrétiens XLIII. 139

L.

LARDNER cité fur les témoignages rendus par les Auteurs Prophanes à l'Hiftoire de l'Evangile XLV. 147

Liberté effentielle aux Etres Intelligens. XV. 41. Inconveniens de fon abus, compenfés par des avantages infinis. *Ibid.* En matiére de Religion, utile, équitable & raifonnable. XLIII. 129. L'abus que l'homme en a fait a rendu la Révélation néceffaire LXII. 225

Loix, leur autorité ne règle que l'exterieur de la vertu XXIII. 79

M.

M*Artyr*, ce qui conftitue le vrai. XXXVIII. 123 LV. 197

Mi-

Miracles bien conftatés, preuves fans replique de la Miffion Divine de celui qui les opère. XLII. 129. L. 182. Ceux qui en ont fait n'ont pas été exemts de defauts. XLII. 129. Plus propres a convaincre que le raifonnement L. 183 & 184. Les faux ne doivent pas décréditer les vrais. LI. 185. Caractères des vrais. LI. 187 fe trouvent furtout, dans ceux de M O I S E & de J E S U S-C H R I S T. LI. 189. Moyens de découvrir les faux. LIII. 193. Si la foi qu'on leur donne doit dépendre de la vérité des fentimens dont ils font les appuis. LIV. 193. Parti à prendre en cas de difficulté fur ce fujet   195

Miſſion Divine d'un homme, s'il en faut juger par la conformité de fa doctrine, avec celle du peuple auquel il fe dit envoyé   XLII. 132

Monde, fa formation par le concours fortuit des Atômes abfolument impoffible. XXI. 71 *& fuiv.* Phyfique & Moral ont le même Auteur XX. 63

Mort. Les fentimens dans lefquels on l'affronte ou qu'on la fouffre, diftinguent l'Enragé du Martyr. XXXVIII. 123. Cas où il faut la fuir; d'autres où il faut y courir   XXXIX. 125

Motifs à la vertu les plus puiffans fe tirent des principes communs à toute Religion, ou à toutes les fectes du Chriftianifme. LVI. 199. Divers moyens de les rendre plus efficaces. *Ibid.*

M O I S E, fon ftile comparé avec celui de B E R R U-Y E R   XLV. 147

O.

O*Ptimifme*, un être de raifon.   XV. 41

P.

P*Aſſions.* Don de Dieu excellent. I. 13. Abus pernicieux que l'homme en fait. *Ibid.* Règle à obferver pour les rendre utiles. II. 13 Caufes qui en varient le degré. III. 15 ne font connues que de Dieu *Ibid.* Comment elles font le bonheur de l'homme. IV. 17

PAUL (St.) fauſſement cité contre la preuve des Miracles. XLII. 132

Peines que s'impoſent ou s'attirent les hommes par leurs péchés ne doivent pas être attribuées à Dieu. VII. 23. Faux principes du Déiſte ſur ce ſujet. *Ibid.* Doivent durer autant que le péché. X. 29

Penſées Philoſophiques, leur Auteur *Avis.* Son Livre condamné au feu par le Parlement de Paris. *Ibid.* Excuſe mal à propos les Juifs d'avoir crucifié JESUS CHRIST XLII. 132. Sa confeſſion de foi très-ſuſpecte. LVIII. 205

Peres de l'Egliſe, s'ils ont ſupprimé les Ouvrages de leurs ennemis? XLIV. 141

Peur, que l'on a de Dieu, comment s'en garentit le Déiſte & le Libertin VIII. 25

Phyſique expérimentale, preuve tirée de là, pour l'exiſtence de Dieu, pas plus forte contre l'Athée que ſon propre ſentiment, ou la contemplation de l'Univers entier. XVIII. 47. Inſuffiſance de cette preuve contre le Déiſte entêté XIX. 51

Pyrrhonien outré & ſincere XXX. 61

Précipitation à juger; écueil à éviter dans la recherche de la vérité. XXIV. 83. Règles pour ſe garentir de ce qu'elle a de dangereux. *Ibid.*

Principes communs à toutes les Religions, peuvent être regardés comme eſſentiels & inconteſtables. LV. 197. Devroient engager à une tolerance mutuelle. *Ibid.*

Prophetes, leur envoi utile ou inutile ſelon les diſpoſitions de ceux à qui ils ſont envoyés XLI. 127

Prudence (la) doit toujours accompagner le zèle XL. 125

Puſillanimité, en fait de Religion, ce que c'eſt XXXII. 109

R.

R.

RAifons (les mauvaifes) employées pour une bonne caufe lui font préjudiciables LVII. 203

Religion Chrétienne defigurée dans fes Sectateurs XI. 29, 31 s'il faut la rejetter pour cela *Ibid.* Les defauts de ceux qui ont écrit en fa faveur ne doivent pas lui être imputés. XIV. 35 XLIII. 137 Attaquée de differente maniére & chargée d'innovation. XLIII. 135 Elle tend plus qu'aucune autre à la gloire de Dieu & au bonheur de l'homme. LXII. 227

Religion Naturelle, fes premiers principes communs avec ceux de la Religion Revelée. LXII. 223

Revelation, les marques de fa Divinité auffi fenfibles que celles de la Sageffe de Dieu dans les Ouvrages de la Création XX. 63. Pourquoi fon tems a paffé XLI. 127 auroit été utile & même néceffaire à l'homme dans l'état d'innocence ou de Religion naturelle LXII. 226

Romulus, fon Apotheofe comparée avec l'Afcenfion de Jesus-Christ au Ciel. XLIX. 173

S.

SCeptique raifonnable ou déraifonnable. XXX. 103 fa règle inutile ou funefte. XXXIII. 111

Scepticifme, où il conduit ceux qui le prennent pour règle. V. 19. Général ne fauroit être la pierre de touche de la Vérité XXXI. 107

Science, quel cas & quel ufage l'on en doit faire. XXVII. 95

Sesni-Scepticifme ne remedie à rien. XXXIV. 113

Sens, leur témoignage fouvent plus fûr que la démonftration la plus folide. L. 182 & 183. Precautions à prendre pour n'y être pas trompé. LII. 189

Superftition (ladefigur e toute la Religion XII. 33

 T.

T.

TEmérité (sotte) en fait de Religion XXXII. 109

Témoignages pour la Religion Chrétienne, quels l'on doit attendre de ses ennemis. XLV. 153. Des Peuples entiers en faveur de la Religion Chrétienne, sur les faits qui en sont le fondement. XLVI. 155.

Temperament, sa pente fondement insuffisant de pro bité. XXIII. 79

Temples, leur usage pour l'avancement de la piété XXVI. 92. Ce qui en fait la Sainteté *Ibid.* 95

Tolerance, propre à faire triompher la Vérité. XLIII. 137

Tranquillité d'esprit, dans l'ignorance de Dieu & de son Sort à venir, quand excusable & quand blâmable. XXVIII. 97

V.

VErité, Ecueils à éviter dans sa recherche. XXIV. 83 Défauts qui empêchent qu'on ne la trouve XXIX. 101 une fois embrassée sur des preuves suffisantes ne doit point être ébranlée par les difficultés qu'on y oppose. LXI. 219

Vertu, les plus pressans motifs à sa pratique, d'où doivent être tirés. XXIII. 79. Sa beauté intrinseque, foible motif à la pratiquer pour la plûpart des hommes. *Ibid.*

Vrais Athées & Vrais Chrétiens, que penser de la question, s'il y en a réellement de tels XVI. 43 & 45

Fin de la Table des Matières pour les
PENSE'ES CHRETIENNES

TABLE

DES

MATIERES

Pour ces REFLEXIONS, indiquant
feulement la page.

A.

AMes grandes, ce qui les caractérife.   231
ANNIBAL, fon exemple cité.   231
Anathême prononcé par S. Paul contre un Ange, en
quel fens doit être expliqué.   240

C.

CHriftianifme, fon établiffement tient du prodige.   242, 243
Croyant, (vrai) ce qui le conftitue.   246, 247

D.

DEifte, fes vûes & fes difcours contraires au
bonheur de l'homme & au bien de la Société.   251
DIEU, idées différentes qu'en donnent les Livres
facrés 231. La penfée qu'il n'y en a point, pour
qui affligeante 232. Ce que les Enfans en peuvent
connoître.   231

Difficultés dans les Sciences, ne font pas des raifons de douter de ce qui a été une fois prouvé. 248

Doctrine, la preuve tirée de fa conformité avec celle du peuple, pour vérifier fa Miffion, très-équivoque 239. En quel cas la Doctrine peut fervir de preuve à la vérité de la Miffion. 240

F.

FABIUS, fon exemple cité. 231

G.

GOuvernement, quand doit fevir en fait de Religion. 238

H.

HAzard, impoffibilité qu'il ait formé l'Univers. 235

I.

IMpie, qui doit être appellé de ce nom. 238
Indécifion, en quel cas tient de la folie. 237

L.

LIberté néceffaire aux Etres Intelligens 233. Son abus fource de maux. *Ibid.* fon bon ufage, fource de biens. *Ibid* eft le fondement d'une felicité plus parfaite dans une autre vie. *Ibid.*
Livres Sacrés, les Manufcrits & les Exemplaires qu'on en a s'accordent tous fur l'objet de la Revelation. 248

M. Ma·

DES REFLEXIONS.

M.

MAtiére (la) fi elle a donné l'exiftence aux E-tres Intelligens : Confequence d'une telle fuppofition. 236

Miracles, en quel cas ils font preuve d'une Miffion Divine. 240, 241. Comment concilier la preuve tirée de la Doctrine avec celle des Miracles ibid. Les faux ne doivent pas décrediter les vrais. 244

Miffion Divine, comment prouvée par la Doctrine. 239

Mode, changée à divers égards. 239

Monde Phyfique & Moral demandent des Loix dif-férentes conformes à leur nature 232, 233. D'où vient le defordre du Monde Moral. Ibid.

Mouvement effentiel à la Matiére incompatible a-vec la formation de l'Univers par le hazard. 234. 235.

P.

PAffions néceffaires. 229. Grandes font plus de mal que de bien a la Société. Ibid. Médiocres quand fuffifent. Ibid. Amorties peuvent encore être uti-les. 230. à l'uniffon ne doivent pas être for-tes. Ibid. Fortes peuvent rendre infenfé & Fanatique 238.

Penfées Philofophiques, ce qui peut les faire regar-der comme excellentes ou déteftables. 228

R

RAifon, fon office en matiére de Dogmes & de faits. 247

Religion Chrétienne (la) eft la Religion naturelle perfectionnée. 249

 S. Scep-

TABLE DES MATIERES.

S.

Sceptique (le) se contredit lui-même quand il dé-
mande des argumens pour être convaincu. 244,
245

Scipion. Son exemple cité. 231

V.

Vrais *Athées* & vrais Chrétiens, comment juger
de leur nombre. 234

Fin de la Table des Reflexions.

www.ingramcontent.com/pod-product-compliance
Lightning Source LLC
LaVergne TN
LVHW021547170726
843501LV00004B/1219